**CIP-BRASIL. CATALOGAÇÃO NA PUBLICAÇÃO**
**SINDICATO NACIONAL DOS EDITORES DE LIVROS, RJ**

F159u

Falasco, Alexandre Cesar
Umbanda de barracão / Alexandre Cesar Falasco ; coordenação Diamantino Fernandes Trindade. 1. ed. - São Paulo : Ícone, 2015.

144 p. : il. ; 23 cm.

ISBN 978-85-274-1271-1

1. Umbanda. 2. Cultos afro-brasileiros. I. Trindade, Diamantino Fernandes. II. Título.

14-14506

CDD: 299.67
CDU: 259.4

28/07/2014    01/08/2014

# Umbanda de Barracão

## Alexandre Cesar Falasco

Coordenação editorial

**Diamantino Fernandes Trindade**

1ª edição
Brasil - 2015

© Copyright 2015
   Ícone Editora Ltda.

**Capa**
Alexandre Cesar Falasco

**Diagramação**
Suely Danelon

**Revisão**
Paulo Teixeira
Juliana Biggi

Proibida a reprodução total ou parcial desta obra, de qualquer forma ou meio eletrônico, mecânico, inclusive por meio de processos xerográficos, sem permissão expressa do editor (Lei nº 9.610/98).

Todos os direitos reservados à
ÍCONE EDITORA LTDA.
Rua Javaés, 589 – Bom Retiro
CEP 01130-010 – São Paulo – SP
Tel./Fax.: (11) 3392-7771
www.iconeeditora.com.br
iconevendas@iconeeditora.com.br

*Dedico este livro aos meus filhos Pedro e Murilo e à minha amada esposa Silmara Falasco pela enorme ajuda, sem a qual esta obra não estaria hoje finalizada. Agradecimentos mais do que especiais a Diamantino Fernandes Trindade e aos profissionais da Ícone Editora.*

# Sumário

**Palavras iniciais**, 11
**Apresentação**, 13
**O Barracão e a Umbanda**, 15
O Barracão de Pai José de Aruanda, 15
O código de Umbanda, uma busca distante de terminar, 16
Responsabilidade acima de tudo, 19

**Um pouco da história e raízes**, 20
Zélio Fernandino de Moraes e a primeira manifestação do Caboclo das 7 Encruzilhadas, 20
Nosso quintal, 22
Umbanda, uma religião monoteísta ou politeísta?, 23
Raízes, de onde veio o culto aos Orixás, 24

**Do Candomblé à Umbanda de Barracão**, 26
O que é o Candomblé e qual sua influência na Umbanda?, 26
E como são cultuadas na prática estes Orixás no candomblé?, 29
As diferentes nações e a língua Yorubá, 29
Quais as diferenças entre Umbanda e Candomblé, 30

**As influências católicas e kardecistas**, 32
Catolicismo, o sincretismo com os Santos, 32
As diferenças entre Kardecismo e Umbanda, 34

**Orixás**, 38
Os Orixás na Umbanda, 38
Exu, 39
Ogum, 40
Oxóssi, 40
Xangô, 41
Iansã / Oiá, 42
Oxum, 42
Obá, 43
Ossain, 44
Nanã Buruquê, 45

Obaluaê / Omulu, **45**
Iemanjá, **46**
Oxumaré, **47**
Logunedé, **47**
Oxalá, **48**

**O culto a Ifá, 49**
O jogo de búzios, **49**
A coroa do médium, Olorí, Adjunto, Herança e Odú, **51**
Para que serve conhecer sua coroa? (devoção, obrigações
com o Orixá e autoconhecimento), **52**
Como melhorar seu relacionamento com as pessoas
através do conhecimento das particularidades dos Orixás, **53**

**A Ritualística de Umbanda, 56**
Como se dá a "missa" dos umbandistas e quais seus fundamentos, **56**
Preparação do médium, **57**
O banho de defesa, **57**
A energia mental, **58**
Os materiais pessoais utilizados no trabalho, **59**
Vela do Anjo de Guarda, **59**
Quais os pontos de força e segurança do Terreiro?, **60**
O ritual de abertura (Padê e Pontos), **61**
As orações, **64**
A defumação, pemba e toalha sagrada, **65**

**O ano ritual da Umbanda, 67**

**Ebós, ervas e mirongas, 70**
O que é um ebó, quais são as principais oferendas,
quando se prepara e para que serve, **70**
Qual a importância das ervas para os umbandistas,
quais as principais ervas e suas funções dentro do culto, **72**
O que são as magias popularmente chamadas
de mirongas, quem está preparado para se utilizar delas?, **78**

**As giras de Umbanda, 81**
O que são as Giras de Umbanda?, **81**

Quais as diferenças entre a Entidade (o Guia de Luz)
e o Orixá (Divindade), **83**
Os Pretos Velhos, **85**
Os Caboclos de Oxóssi, **87**
Os Caboclos de Xangô, **88**
Os Caboclos de Ogum, **90**
Os Baianos, **92**
As Crianças (Erês), **94**
A Linha d'Água, **95**
Os Boiadeiros, **96**
Os Marinheiros, **98**
Os Ciganos, **99**
Os Exus e Pombagiras, **101**

**Hierarquia sacerdotal, 111**
Todo médium iniciado já exerce parte de um sacerdócio, **111**
Quais são os cargos, funções, direitos e deveres?, **112**
Quais são as obrigações e condições para se atingir cada degrau, **119**
O que são as camarinhas e feituras, **123**

**Os instrumentos sagrados da Umbanda, 124**
As guias (colares de contas), **124**
O filá e o ojá, **126**
As ferramentas e instrumentos particulares de cada entidade, **127**
Os atabaques (Curimba), **127**
Os punhais sagrados (tábua do Preto Velho), **128**
O Adejá/sinos, **129**

**Mediunidade e Incorporação, 130**
O que é a mediunidade e o que é um médium?, **130**
A incorporação mediúnica (irradiação e interpretação), **132**
Mediunidade consciente, **134**
A influência do médium na incorporação, **136**

**Pequeno glossário, 139**
Alguns pontos riscados pelos Guias de Luz que incorporam
nos sacerdotes do Barracão de Pai José de Aruanda

# Palavras iniciais

Não se trata de mais uma vertente umbandista, mais um nome atrelado à palavra Umbanda, mais uma invenção, longe disso. Até porque, para o autor, Umbanda é uma só, uma única religião, e o que existe são as diferentes escolas que apenas enriquecem nossa cultura e torna nossa religião mais plural, diferente de um templo para o outro em sua ritualística, mas igual em sua filosofia de caridade.

Com um respeito profundo por essas diferenças, Pai Alexandre já coloca no nome de seu livro sua intenção de explicar os conceitos e fundamentos de uma dessas escolas, o seu terreiro, O Centro de Umbanda: O BARRACÃO DE PAI JOSÉ DE ARUANDA.

Na verdade, é uma homenagem justa para a casa que gerou a possibilidade de este livro ser escrito. Uma casa que vem fazendo a caridade e vem fazendo Umbanda de uma forma primorosa, libertária e de sucesso. A receita está nas próximas páginas deste livro, onde tudo que se faz no Barracão é revelado com riqueza de detalhes, onde você vai entender os "porquês" do que se pratica na Umbanda, onde você vai entender de forma limpa, simples e clara, além de DIDÁTICA, tudo que um Umbandista, seja ele um Cambono ou um Sacerdote, precisa saber para realizar um trabalho como este.

O livro *Umbanda de Barracão* é o resultado de anos de estudos aprofundados e suas aplicações na prática, apresentados como um verdadeiro curso de Umbanda, não por acaso, pois a princípio foi escrito para tal finalidade dentro da casa, onde este conhecimento do autor, somado às orientações dos Guias patronos do Barracão, forai transformado nestes textos originais, escritos noite após noite, sob irradiação maravilhosa, e agora, pela primeira vez, publicados.

Esta obra foi dividida, como no curso, em história, filosofia da casa, teogonia, doutrina e prática, com as palavras de origem africana aportuguesadas para melhor entendimento e com explicações detalhadas e de fácil assimilação dos fundamentos e mirongas que envolvem o universo umbandista.

**Bruno Fábio Brescancini**

*Publicitário e Sacerdote da Tenda Espírita de Umbanda São Cosme e São Damião, uma casa com mais de 50 anos de tradição.*

# APRESENTAÇÃO

Prezado leitor!

É com grande alegria que a Ícone Editora traz a público esta brilhante obra de Alexandre Cesar Falasco, obreiro competente do Astral Superior, sacerdote e escritor umbandista experiente, conhecedor dos mistérios e tradições desta religião genuinamente brasileira – afinal, possui longos anos de séria prática mediúnica, norteados pelo amor e pela caridade.

Este livro vem preencher uma lacuna no conhecimento das tradicionais e ancestrais práticas umbandistas, trazendo importantes explicações sobre diversos temas do dia a dia dos terreiros.

Parabéns a você, leitor amigo. Parabéns à Umbanda, por mais esta obra de porte estar disponível a todos os seus adeptos e simpatizantes.

*Diamantino Fernandes Trindade (Ifadaisi)*

# O BARRACÃO E A UMBANDA

## O Barracão de Pai José de Aruanda

É importante, antes de começar esta leitura, saber de onde vêm estes conhecimentos que aqui serão passados, pois a mesma fonte que gerou a possibilidade de este livro ser escrito, antes gerou uma comunidade religiosa, unida pela vontade de ajudar incondicional e gratuitamente quem necessita de ajuda espiritual e, quando possível, material.

Esta união foi batizada de **Centro de Umbanda O BARRACÃO DE PAI JOSÉ DE ARUANDA**, que nasceu de um pequeno grupo de médiuns idealizadores de um local onde pudessem cumprir estas missões de caridade, mas com liberdade, pois seguir regras não significa deixar-se escravizar, não quer dizer que temos de ser prisioneiros da doença chamada *fanatismo*.

Foi com este sentimento de liberdade e responsabilidade que estes médiuns realizaram em 9 de abril de 2004, perante pequena assistência, o primeiro ato ritualístico do Barracão. Era uma sexta-feira santa, a cerimônia foi de fechamento de corpo, comandada pelo Pai José de Aruanda e por Vovó Maria Conga, numa noite em que além das presenças abençoadas dos Pretos Velhos, ainda receberíamos a força dos Exus e Pombagiras, como é tradicional neste evento e em hora providencial para nos encorajar ainda mais naquele momento tão determinante.

Um encorajamento que começou alguns anos antes, com o Sr. Sete Estradas, entidade que trabalha na linha de Ogum e hoje é um dos Guias

UMBANDA DE BARRACÃO

chefes do Barracão, que já direcionava a mim e à minha esposa, Silmara Falasco, para esta missão quando ainda trabalhávamos nossas mediunidades em outro terreiro, o Templo Flecha Ligeira, onde muito aprendi sobre a Umbanda.

Para complementar esta resumida descrição do Templo Barracão, é fundamentalmente necessário que eu não deixe de agradecer ao Terreiro irmão de nossa casa, a Tenda Espírita de Umbanda São Cosme e São Damião e seus dirigentes que realizaram a minha feitura e a de Mãe Silmara, e assim nos transmitiram o Axé e a tradição de uma casa com mais de 50 anos de história na nossa querida Umbanda.

VISTA PARCIAL DO TERREIRO.

## O código de Umbanda, uma busca distante de terminar

Você já deve ter ouvido falar sobre o fato de a nossa querida religião de Umbanda ainda não possuir um *código*. O que significa isso? O que é um código para uma religião e por que a Umbanda ainda não possui um?

Para darmos aqui uma explicação prática sobre esse assunto, podemos simplesmente dizer que uma religião codificada possui um padrão e regras universais. Ou seja, se tomarmos como exemplo a religião católica, veremos claramente que existe uma codificação, pois uma missa que acontece agora, aqui na nossa esquina, é exatamente igual em sua ritualística e pregação a uma que acontece no mesmo instante no Vaticano. Salvo o sermão do padre, tudo o mais no ritual é idêntico e segue a mesma ordem, principalmente, no calendário litúrgico.

Mas a religião católica existe há mil anos e a Umbanda, há apenas cem. Apesar de possuir muitos fundamentos milenares herdados de outras crenças religiosas mais antigas, a nossa Umbanda ainda é muito nova – a busca por uma padronização existe, mas ainda está longe de terminar.

Para fazer uma comparação direta com o exemplo citado, um trabalho realizado num terreiro aqui na esquina pode ser completamente diferente do trabalho realizado por outro terreiro logo na próxima esquina. Em resumo, o que queremos deixar claro é que a Umbanda é uma religião em crescimento, tanto no número de adeptos e simpatizantes, que não param de aumentar, quanto em sua cultura e ritualística, e isso significa que nós umbandistas somos os que irão escrever a história desta linda religião para todo o sempre, mas com a devida paciência e, sobretudo, com o respeito necessário, sempre nos lembrando da importância de se respeitar opiniões diferentes. Para sermos fiéis ao que nossos queridos e iluminados Guias nos ensinam e determinam, não é necessário que discordemos e, muito menos, que julguemos o nosso semelhante – pena que nem todos pensem assim. Mas é como nós devemos pensar. Aliás, nós, Umbandistas, temos o dever de pensar e de colocar no papel tudo que acreditamos, sem medo, pois o crescimento de nossa querida e brasileiríssima religião necessita e necessitará muito disso.

Este assunto não está sendo abordado por acaso logo no começo deste nosso estudo, pois tudo o que será ensinado neste livro é resultado da filosofia própria do Barracão de Pai José, ensinada por seus Mentores espirituais, os Guias patronos do Barracão, somado aos estudos realizados pelo centro e seus dirigentes, sempre com a devida autorização e o aval de Pai José de Aruanda, além das irradiações dos Guias em todas as suas linhas de trabalho. O que nos leva a entender que a melhor maneira de evoluir e aprender dentro de nossa querida Umbanda é seguindo as orientações das entidades comandantes dos trabalhos aos quais tomamos parte, sem deixar de respeitar outras formas e opiniões, mas fiéis àqueles que nos recebem e auxiliam nesta que é, sem dúvida, a religião dos seus pioneiros.

"Assim como tudo que aconteceu até aqui foi direcionado, ensinado e orientado pelos Guias que trabalham com os Sacerdotes Pai Alexandre e Mãe Silmara, todos os ensinamentos que serão transmitidos neste estudo também foi irradiado por estas mesmas Entidades de Luz, e nenhuma informação foi escrita aqui sem que antes tenha passado pelas mãos do nosso mentor Pai José de Aruanda."

CABOCLO DE OXÓSSI NO BARRACÃO DE PAI JOSÉ

## Responsabilidade acima de tudo

Talvez a Umbanda seja a religião que mais exige responsabilidade de seus seguidores e praticantes, pois, por ser mágica, os conhecimentos que acessamos são instrumentos muito poderosos, e precisam, sim, ser ensinados e passados, mas com responsabilidade e compromisso de quem os acessa.

*"Uma faca é um importante instrumento, uma genial e muito útil invenção, mas tanto pode ser usada para cortar um alimento como para tirar a vida de um ser humano".*

Outro fator que nos obriga a atentar para o lado da responsabilidade é que a prática umbandista se baseia em orientação dircta que cada médium, incorporado dos Guias, transmite aos consulentes que a ele recorrem, além das receitas mágicas e demais informações que mexem diretamente com a vida das pessoas, muito mais do que em qualquer outra manifestação religiosa que, muitas vezes, se limita a render culto e fazer orações.

Desta forma, os conhecimentos que serão aqui passados exigem uma reflexão prévia destes compromissos e um reafirmar para si e para nossos Mentores espirituais da nossa constante preocupação com essa integridade e idoneidade.

# UM POUCO DA HISTÓRIA E RAÍZES

## Zélio Fernandino de Moraes e a primeira manifestação do Caboclo das 7 Encruzilhadas

Nasceu no dia 10 de abril de 1891, no distrito de Neves, Niterói-RJ, aquele que seria o fundador da Primeira Tenda de Umbanda oficializada no Brasil, a *Tenda de Umbanda Nossa Senhora da Piedade.*

E, por este ato marcante, fica impossível falar da história da Umbanda sem contar a história deste homem, Zélio Fernandino de Moraes. Apesar de já ser bem conhecida pela maioria dos umbandistas e ter sido escrita em diversos livros, faz-se necessário relembrá-la aqui.

Eu tive a rica oportunidade de conversar sobre o assunto com o querido Pai Ronaldo Linares (que teve contato pessoal com Pai Zélio) em uma agradável visita que ele fez ao nosso Barracão de Pai José de Aruanda para apanhar algumas mudas de quaresmeira que doamos ao seu Santuário Nacional da Umbanda.

Vou contar a história de acordo com o que eu ouvi e li em diversas fontes diferentes e, claro. Deve haver divergências de detalhes entre as fontes, mas o enredo é o que interessa ao nosso estudo.

Em 1908, o jovem Zélio Fernandino de Moraes, então com 17 anos de idade, começou a ter estranhos *surtos* passageiros. Nessas horas, seu comportamento mudava radicalmente, ora portava-se como um velho arcado, ora como um indígena, e seu linguajar sempre mudava. Na família tradicional de Zélio, ninguém conseguia explicar o que estava acontecendo, nem mesmo um tio do jovem, que era padre católico, sabia esclarecer as causas

UMBANDA DE BARRACÃO

de tal fenômeno. Foi então que um amigo da família sugeriu uma visita à Federação Espírita de Niterói, presidida na época por José de Souza, e, no dia 15 de novembro daquele ano, o jovem Zélio foi convidado para participar da mesa.

Existia uma norma que proibia qualquer membro da mesa de se levantar durante a sessão, mas Zélio, tomado por uma força que não conhecia, se levantou, disse que ali faltava uma flor, saiu, apanhou a tal flor e depositou-a no centro da mesa, causando a maior confusão entre os médiuns. Restabelecidos os ânimos e os trabalhos daquele dia, começaram a incorporar nos médiuns kardecistas da casa espíritos de velhos escravos negros e de índios, que prontamente foram convidados a se retirar, pois seu estado de *atraso* intelectual não condizia com o que se esperava das manifestações espirituais naquela mesa, um processo que parecia ser corriqueiro, mas que naquele dia teve uma consequência histórica.

Neste instante, Zélio Fernandino de Moraes recebeu outra manifestação de uma entidade, agora questionando os médiuns do porquê de eles não ouvirem as mensagens daqueles espíritos. Por que os consideravam atrasados apenas levando-se em conta suas encarnações passadas?

Era nítido o alto conhecimento daquela entidade, que desenvolvia um linguajar de alto nível e uma argumentação segura, porém, ainda assim, os dirigentes da casa tentavam *doutriná-la* e fazer com que aquele espírito se retirasse. Suas palavras neste momento foram as seguintes:

*"Se julgam atrasados os espíritos de pretos e índios, devo dizer que amanhã (16 de novembro) estarei na casa de meu aparelho, para dar início a um culto em que estes irmãos poderão dar suas mensagens e, assim, cumprir a missão que o Plano Espiritual lhes confiou. Será uma religião que falará aos humildes, simbolizando a igualdade que deve existir entre todos os irmãos, encarnados e desencarnados. E, se querem saber meu nome, que seja este: Caboclo das Sete Encruzilhadas, porque para mim não haverá caminhos fechados."*

Apesar de ser novamente questionado, sobretudo no que o levava a acreditar que tal sessão receberia alguma visita interessada no que aqueles espíritos tinham a dizer, o Sr. Caboclo das Sete Encruzilhadas simplesmente disse: "cada colina de Niterói atuará como porta-voz, anunciando o culto que amanhã iniciarei". No dia seguinte, na casa da família Moraes, à Rua Floriano Peixoto, 30, não cabia mais pessoas e a rua já se tornava pequena para tamanha multidão que queria ver de perto a manifestação deste Caboclo e sua nova empreitada.

Espíritos de índios e de velhos escravos até então não encontravam lugar para fazer cumprir as suas missões e espalhar suas mensagens, já que o formato ritual dos cultos de nação (os "Candomblés", que veremos mais adiante) não praticavam dessa forma as manifestações espirituais e, por outro lado, os centros kardecistas erguiam verdadeiras muralhas de preconceito, impedindo qualquer tentativa de comunicação destes Mentores experientes pelas diversas encarnações e lapidados pelo sofrimento, verdadeiras joias que nesse dia nos foi presenteada.

## Nosso quintal

É importante que também falemos um pouco de como se deu esta iniciação umbandista aqui, na nossa cidade, no nosso quintal. Para abordarmos este assunto com propriedade, podemos nos utilizar da história de vida religiosa de um grande pioneiro, o Pai Bruno Brescancini, jundiaiense nascido em 20 de maio de 1917, uma história que se confunde com a história da Umbanda em Jundiaí.

Fundador de uma das primeiras casas de Umbanda em atividade até hoje na cidade, a Tenda São Cosme e São Damião, Pai Bruno foi um dos pioneiros desta nossa querida religião, tendo suas manifestações mediúnicas se iniciado em maio de 1953, onde, na ocasião, encontrou auxílio na Tenda de Umbanda Pai Tomé de Moçambique, na cidade de Campinas. Desenvolveu assim sua mediunidade e foi coroado nas 7 linhas pelos Guias espirituais Pai Benedito, Caboclo Parati e Caboclo Cobra Coral, incorporados na médium Isabel Bianchini.

Em 1957, foi preparado chefe de terreiro por Pai Josué, Cabocla Djacutá e Caboclo Pajé, entidades da Médium Josefa Potes. Trabalhou em vários terreiros na cidade, entre eles a Tenda Pai Benedito e Tenda Pai Belarmino.

Mas foi por volta de 1959, sob orientação de seu Guia protetor Pai Mané, que Pai Bruno fundou a Tenda Espírita de Umbanda São Cosme e São Damião, que hoje é reconhecida como de utilidade pública pelo município e pelo estado.

Médium responsável e sempre interessado em difundir a doutrina Umbandista, foi um dos propulsores da Umbanda em nossa cidade. Foi também um dos fundadores da extinta Umuj – União Municipal Umbandista de Jundiaí.

Dedicado, por suas mãos passaram inúmeros médiuns, os quais desenvolveram suas mediunidades e receberam os preparos adequados. Pai Bruno faleceu em 21/01/1985.

A Tenda Espírita de Umbanda São Cosme e São Damião guarda sua

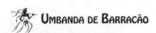

memória e segue seu exemplo de caridade e humildade, através de seu filho, o Babalorixá Eldiamor Brescancini, conhecido carinhosamente por Pai Nenê, o atual presidente da casa, onde continua essa belíssima missão, acompanhado de perto por sua esposa Marlene Chiesa Brescancini e seus filhos Adriana e Bruno Brescancini, também sacerdotes formados da Tenda.

Pai Nenê, que em 1959 (aos 9 anos de idade) teve seu início na Umbanda, foi preparado chefe de terreiro pelos Guias Pai Ezequiel e Caboclo Humaitá, entidades incorporadas no médium Vladimir Accorsi, e hoje trabalha sob as orientações dos Guias espirituais Pai Joaquim de Guiné e Caboclo Urumbaiara, e tem sob sua responsabilidade 50 médiuns que sabem muito bem a importância da casa onde trabalham suas mediunidades, pois, a exemplo de seus dirigentes, são umbandistas dedicados e, sobretudo, humildes e prestativos no que diz respeito ao cumprimento da missão espiritual.

## Umbanda, uma religião monoteísta ou politeísta?

A Umbanda é uma religião monoteísta, ou seja, acreditamos em um único Deus, criador e onipotente. Simplesmente Deus, Deus todo-poderoso, o mesmo Deus dos católicos, dos evangélicos e de todas as demais religiões também monoteístas. O caráter espiritualista confere ao umbandista a condição de médium, que acredita na vida após a morte, fundamento principal da prática ritual umbandista.

É muito comum existir confusões a respeito deste assunto, sobretudo, sobre o aspecto monoteísta da Umbanda, por causa dos Orixás, que em cultos africanos são muitas vezes chamados de Deuses, mas para a Brasileira Umbanda são como os Santos da Igreja Católica e também instrumentos deste Deus supremo, o Pai.

Outro tema que gera confusão é o ligado aos nomes e expressões utilizados na Umbanda. Pelo fato de a Umbanda ter sido influenciada por diversas outras religiões, algumas das expressões e nomes são mencionados em dialetos e línguas diferentes da nossa. Um exemplo disso é dizer Zambi em vez de Deus, o que é apenas outra língua, um dialeto africano, neste caso mais precisamente de Angola, que quer dizer exatamente "Deus". Este mesmo nome "Deus" pode ser mencionado de outras formas como em Yorubá (Olorum) ou Tupã, como diziam os nossos índios, outra grande influência na ritualística umbandista.

Tudo isso é explicado, pois, ao dizer que a Umbanda é uma religião monoteísta, logo viriam perguntas como, mas "então, quem é Zambi?", "quem é Olorum?", e a resposta já está dada, "é Deus", simplesmente isso,

UMBANDA DE BARRACÃO

só que em outra língua, assim como "God" é Deus em inglês.

Neste caso, por que ainda existem estes dialetos? Por que simplesmente não se traduz tudo isso e passa-se assim a falar uma única língua na Umbanda?

É exatamente neste ponto que se faz necessária a explicação de nossas raízes.

Esta explicação pode começar com outra pergunta: De onde vem o culto aos Orixás?

## Raízes, de onde veio o culto aos Orixás

Se na nossa querida Umbanda, religião genuinamente brasileira originada da mistura de diversos elementos herdados de outras religiões, rendemos culto aos nossos queridos Orixás, é de extrema importância que saibamos exatamente de onde veio este culto. Ele veio da África, tradição trazida para a Umbanda, sobretudo, pelos nossos Pretos e Pretas Velhas, símbolos da nossa sagrada religião.

É por isso que diversos terreiros de Umbanda, apesar de se manterem fiéis à doutrina umbandista, não deixam de relembrar antigas tradições do povo de santo, revelando em cânticos, oferendas e rituais o forte respeito às origens e muita vontade de preservar estas mesmas tradições.

O dialeto Yorubá, língua africana presente em diversos pontos cantados e se confundindo muitas vezes nos nomes praticados na Umbanda, é um exemplo disso. Vamos mostrar mais adiante cada um desses elementos, detalhadamente, mas uma coisa já aprendemos: uma das raízes mais tradicionais da Umbanda é o culto de nação, as religiões de descendência africana, mais conhecidas no formato do Candomblé, e isso é motivo de orgulho, pois essas tradições são milenares.

Ainda existem diversas outras influências, aliás, o que faz da Umbanda uma religião 100% brasileira não é só o fato de ela ter sido fundada aqui pelo Pai Zélio, mas também por ela receber as influências europeias, africanas e ameríndias, confundindo-se com a própria história do povo brasileiro.

## As principais culturas que influenciaram a ritualística umbandista são:

– Africanas, trazidas principalmente pelas entidades que trabalham nas linhas dos Pretos Velhos e Baianos. Tradições mais comumente observadas nas religiões de nação dos Candomblés.

– Ameríndias, trazidas pelas entidades que trabalham nas linhas de Caboclos, antigos índios que viveram no Brasil muito antes da chegada dos povos europeus e africanos. Tradições que podem ser observadas nos rituais de pajelança de diversas tribos ainda existentes no País.

– Europeias, influências mais visíveis das religiões católica (Roma) e kardecista (França), a primeira por uma mistura de amor e imposição, a segunda por ser a religião espiritualista (de incorporação) que mais se praticava antes do surgimento da Umbanda.

Nos próximos tópicos do livro, estudaremos mais detalhadamente cada uma dessas influências, por meio da comparação e da observação das diferenças entre as práticas religiosas da Umbanda e das demais religiões como o Candomblé, o Catolicismo e o Kardecismo. Contudo, já esclarecemos aqui nossas origens e a importância de se respeitar esta descendência sem preconceitos, estudando as diversas culturas e trazendo delas cada vez mais os aspectos positivos, permitindo-nos, no entanto, o direito à evolução e, principalmente, o direito à nossa própria personalidade ritual.

# DO CANDOMBLÉ À UMBANDA DE BARRACÃO

## O que é o Candomblé e qual sua influência na Umbanda?

Para compreender as influências dos cultos de nação africana na ritualística umbandista, devemos conhecer melhor o Candomblé praticado no Brasil, famoso pelas tradicionais casas de nação Ketu (Nagô) da Bahia, e suas Mães de Santo tão respeitadas e conhecidas em todo o País. Como por exemplos, citaremos a Casa Branca do Engenho Velho, o primeiro terreiro de Candomblé do Brasil, o Ilê Axé Opó Afonjá, de Mãe Aninha e Mãe Senhora, homenageada como a maior Ialorixá da Bahia na música de Vinícius de Moraes, e o Gantois (pronuncia-se Cantuá), da mais famosa Mãe de Santo que já existiu, Maria Escolástica da Conceição Nazaré, a Mãe Menininha do Gantois.

Falaremos especificamente da nação Ketu, pois o objetivo é falar da influência desses cultos na nossa Umbanda, e se na Umbanda chamamos nossos Orixás de "Orixás" e não de Voduns ou Inkices, se nosso Orixá do Trovão é Xangô e não Queviosô ou Zázi, estamos falando na língua Iorubá, que é a língua na nação Ketu/Nagô, como veremos em "Nações", no próximo tópico. Este é, sem dúvida, o culto de nação do qual mais herdamos elementos na nossa ritualística, a exemplo da própria teogonia.

Vale deixar registrado que os povos Yorubas (culto de nação Ketu) acabaram chegando ao Brasil nos séculos XVIII e XIX de forma mais concentrada do que os Bantus, por exemplo, e por isso tiveram mais facilidade para se organizar. Este foi um dos motivos de seu modo de culto ter tido mais influência no Candomblé, enquanto, por outro lado, o povo bantu, em seu culto original, estreitava a devoção aos seus deuses com o culto aos Eguns, deixando-se inclusi-

ve incorporar por eles, o que mostra ter também forte relação com a Umbanda.

Deste ponto de nossa leitura até o estudo dos Orixás, faremos uma pausa para explicar também as influências das religiões europeias na Umbanda. Realizaremos uma grande viagem por este universo mágico, de tradições milenares, passadas oralmente de pai para filho desde os tempos das tribos africanas até o desembarque destas mesmas tradições junto com os escravos africanos que aqui aportaram para suprir a mão de obra escrava em substituição aos índios, já que os primeiros habitantes deste País, como bons conhecedores destas terras, facilmente escapavam de seus escravizadores.

Esses escravos negros foram aprisionados nas diversas regiões da África e trazidos em navios negreiros para o Brasil, onde eram separados de seus familiares e de sua gente, forçados a se misturar com outros escravos negros de nações diferentes, de religiosidade diferente, numa tentativa de se inibir rebeliões organizadas, já que em muitos casos se tratava até de tribos rivais em sua terra natal.

Essa explanação resumida se faz necessária para esclarecer também, grosso modo, o surgimento do próprio Candomblé, pois na África, cada família, tribo ou região cultuava um determinado Orixá, e essa mistura de tribos que se deu quando chegaram aqui obrigou a se fazer um culto mais generalizado, mais abrangente, para se cultuar em uma única senzala, por exemplo, os deuses de diferentes regiões africanas.

Esse é um dos fatores que uniu o culto de diferentes Orixás em um único e novo culto, o Candomblé.

Outro fator excluiu diversos deles. Como os escravos não queriam ver o sucesso e a fartura abraçar seus dominadores, por motivos mais do que óbvios, já que é humanamente impossível se desejar prosperidade a quem os havia tirado de sua família e os chicoteava várias vezes ao dia, determinados Orixás, responsáveis pelo sucesso na lavoura, pelo bom andamento dos negócios e diversas outras características que pudessem colaborar com os donos de escravos, foram deixados de lado, não sendo cultuados, portanto.

Sabe-se que não se tratava apenas de 16 Orixás, havia muitos mais. Ainda podemos encontrar específicos 32, mas ainda assim não chega perto do número original.

É por isso que uma das características mais marcantes do Candomblé é a obrigação de seus filhos de cultuar e "cuidar" do Orixá de sua coroa, individualmente, o que confere ao sacerdote, a Mãe ou Pai de Santo, outra obrigação, a de ensinar a fazer isso, e também a obrigação de conhecer todas as divindades e não só o seu Olori.[1]

---

[1] Nomenclatura no idioma Yorubá para designar o Orixá regente de um indivíduo, seu Orixá de *Frente*, como muitas vezes é chamado. Ou Orixá dono de sua cabeça.

O Sacerdote candomblecista assume diferentes funções que no culto original africano eram divididas: além de cuidar de seu Orixá regente e saber cuidar dos Orixás de seus filhos, é dele também a função de Babalaô, ao indicar para esses filhos qual a sua filiação, por meio do jogo de búzios. No Candomblé, nada se faz sem esta consulta, até mesmo as obrigações de cada filho de santo, e, de igual forma, é responsabilidade do pai e mãe de santo o bom preparo ritualístico da *cabeça* do iniciado, realizando camarinhas e feituras com diversos elementos mágicos e o Axé do sangue animal.

O sacrifício de animais tornou-se o grande assunto polêmico quando se fala da ritualística candomblecista, simplesmente pelo erro de alguns no mau uso desses sacrifícios, em que animais são encontrados dilacerados e apodrecendo nas ruas para a realização, completamente equivocada, dos chamados *despachos*, feitos por pessoas que independentemente da religião que se dizem pertencer, ignoram completamente este fundamento, e isso sim está errado.

O fato é que o Candomblé se tornou a grande religião afro-brasileira e, diferentemente da Umbanda, manteve fortemente as tradições africanas, repetindo fielmente os rituais lá praticados desde os tempos das tribos e colocando opiniões pessoais de lado, já que somos umbandistas e na Umbanda não se pratica sacrifício animal, a imolação de animais e o derramamento do sangue no altar em sacrifício aparecem até na Bíblia, nos livros de Moisés, motivo pelo qual não devemos sair por aí falando bobagens a respeito de assuntos que desconhecemos. Além disso, era muito comum, como ainda é até hoje nas nossas regiões rurais, se matar uma galinha ou uma leitoa para oferecer um bom almoço a uma visita que acabou de chegar – imagine então se esta visita for de um Pai, de um Orixá. Mas isso quando é feito da forma realmente fiel à ritualística original, em que tudo que se sacrificava em um terreiro de Candomblé depois era servido aos visitantes e filhos da casa, muito bem preparado pelas Iabassês, as cozinheiras de santo, divinas conhecedoras dos temperos e deliciosos pratos africanos.

Por outro lado, outra tradição, esta, sim, acoplada em nossos terreiros umbandistas, é a musicalidade, a curimba, os atabaques, musicalidade que não só influenciou a Umbanda como a própria música brasileira, motivo pelo qual muitos terreiros de Umbanda ainda misturam cânticos (pontos) em Iorubá e também das outras nações aos seus cânticos em português, em respeito a suas raízes e numa tentativa de manter viva essa tradição, que é um impressionante veículo do povo de santo para a comunicação com seus Orixás nos rituais da religião candomblecista.

UMBANDA DE BARRACÃO

## E como são cultuados na prática estes Orixás no Candomblé?

Trilharemos os caminhos das diferenças entre Umbanda e Candomblé e isto é o que veremos a seguir, mas não poderíamos fazê-lo sem antes deixar bem claro o enorme respeito a essas tradições, bem como o sentimento de gratidão que o verdadeiro umbandista deve possuir para com aqueles que poderíamos chamar de irmãos mais velhos.

## As diferentes nações e a língua Yorubá

Para enriquecer nosso estudo do Candomblé e antes de finalizá-lo apontando as diferenças, na prática ritual, desta religião com a religião de Umbanda, registramos aqui as diferentes nações, bem como as suas respectivas línguas, além de uma comparação das divindades cultuadas em cada uma delas, relacionando-as conforme os arquétipos e características comuns, o que não significa se tratar da mesma divindade.

| Nações | Língua / dialeto | Divindade |
|---|---|---|
| Ketu / Nagô | Yorubá | Orixá |
| Jêje | Várias* | Vodum |
| Angola / Congo | Banto | Inquice |

| Ketu-Nagô | Jeje | Angola |
|---|---|---|
| Exu | Elegbara | Aluviá |
| Ogum | Gun | Incáci/Roximucumbe |
| Oxóssi ou Odé | Azacá | Gongobira/Mutacalombo |
| Ossaim | Agué | Catendê |
| Oxumarê | Dã/Bessém | Angorô |
| Obaluaiê ou Omulu | Acóssi-Sapatá/Xapanã | Cafunã/Cavungo |
| Xangô | Queviosô | Zázi |
| Oiá ou Iansã | Sobô | Matamba/Bumburucema |
| Oxum | Aziritobosse | Samba/Quissambo |
| Logunedé | Bosso Jara | |
| Iemanjá | Abê | Dandalunda/Quissembe |
| Nanã | Anabioco | Zumbaranda |
| Oxalá | Liçá | Lembaranganga |
| Olorum | Oulissa | Zambi |

Já a língua Yorubá, apesar de neste estudo utilizarmos a forma dos nomes em português, algumas particularidades que precisam ser esclarecidas, como o fato de que os acentos superiores não devem ser entendidos como os acentos em português – eles indicam, na verdade, o tom certo a ser aplicado na pronúncia. Outra peculiaridade do Iorubá é uma espécie de *cedilha* que aparece embaixo das letras, mudando também sua pronúncia – o *S,* por exemplo, quando aparece com esta marca embaixo, passa a ter som de *X*.

## Quais as diferenças entre Umbanda e Candomblé?

Sabemos que a principal semelhança entre o trabalho na Umbanda e no Candomblé é que ambos se utilizam da incorporação mediúnica em seus praticantes, ou seja, a manifestação de uma entidade em um ser humano encarnado. Porém, as formas são totalmente diferentes.

No Candomblé, um filho de santo, cuja *cabeça* pertence a determinado Orixá, ou seja, um filho de santo que tem como Olori um determinado Orixá, só irá *receber* este determinado Orixá, durante toda sua vida religiosa, é um Iaô, que, se filho de Oxum, só receberá a entidade Oxum, e esta manifestação para os adeptos do Candomblé seria a do próprio Orixá, da própria divindade e não de seus mensageiros, que um dia tiveram passagens terrenas, outrora foram encarnados como nós.

Essa manifestação se dá no dia da cerimônia, que pode ser aberta ao público, porém este público não tem acesso à entidade, esta não fala, apenas dança e traz o seu axé para aquele lugar e para as pessoas que ali estão. Qualquer consulta pessoal se limita ao Babalorixá ou a Ialorixá, que responde através do jogo de búzios e determina missões e ebós para a solução dos problemas do consulente.

Na Umbanda, é completamente diferente, a entidade que se manifesta no médium umbandista é um mensageiro do Orixá, um representante e intermediário da divindade, e não o próprio Orixá. Um espírito que um dia esteve encarnado, um ancestral, mas que está em patamar muito mais elevado do que o nosso, meros encarnados.

Esses espíritos, nossos queridos caboclos, pretos velhos, marinheiros, ciganos etc. vêm em terra para se comunicar com os encarnados, literalmente, conversando, aconselhando e prestando dessa forma o atendimento aos consulentes, diretamente.

Para os candomblecistas, trata-se de Eguns, e são mesmo, já que *Egum* significa espírito de antepassado que já morreu, e essas entidades não deixam de sê-lo, apesar de muitos umbandistas associarem a palavra Egum

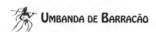

com espírito ruim, atrapalhador (que também é um Egum, pois também é um espírito de alguém que já morreu), mas a palavra generaliza e não determina a classe desse espírito.

Egum é simplesmente o espírito de alguém que já desencarnou, sem exceção, generalizadamente. Confusões normais em meio a tanta mistura de línguas e culturas diferentes.

Outra diferença é o ritual de imolação. Para o candomblecista, é indispensável o sacrifício de animais, pois o Axé dos assentamentos[2] é renovado com o sangue. Para o umbandista não existe esta necessidade, ele renova o Axé nas forças da natureza como as cachoeiras, as matas, a terra e outros elementos também naturais. Vale lembrar que a oferenda de carne animal também é praticada pelos umbandistas, tanto nos ebós (abordaremos mais adiante) como nas comidas oferecidas para as entidades durante o árduo trabalho que prestam nas giras, como um agrado, deixemos claro que não se trata de nenhum apego da entidade às necessidades carnais, elas trabalhariam sem isso certamente.

Isso nos remete à reflexão já sugerida, pois, tirando a questão ritual do Axé, a diferença muitas vezes é apenas o fato de que a gente compra a galinha já morta no supermercado e o candomblecista segue a maneira tradicional, como nossos avós faziam nos sítios e fazendas.

Perceba que a ideia, como sempre, é não julgar, e sim mostrar as diferenças, a Umbanda não faz sacrifício animal em sua ritualística e o Candomblé, sim. Ponto final.

Ideologicamente, também podemos verificar fortes diferenças entre as duas religiões, pois a Umbanda possui um cunho ético e caritativo mais influenciado pelo kardecismo e pelo catolicismo – apesar de resolver as questões emergenciais pessoais de seus assistidos e filhos de forma ritual, prega também a prática da caridade no plano físico independentemente dessas forças.

Já o Candomblé assume uma característica aética quando se trata desse assunto, pois se direciona mais a tratar exclusivamente das questões do plano astral, o equilíbrio entre o homem e a divindade, no que diz respeito às obrigações de um para com o outro, visando ao bem-estar terreno do seu filho (ver "Religiões éticas e religiões mágicas", capítulo IV de *Herdeiras do Axé*, de Reginaldo Prandi).

As diferenças rituais são muitas – apresentamos aqui algumas das mais marcantes, e sempre o espaço parece ser curto para tratar de assuntos tão extensos, delicados e importantes como este. Mas fica o convite e estímulo a procurarmos conhecer mais e mais das religiões que cultuavam nossos Orixás, muito antes da fundação desta nossa querida Umbanda.

---

2 Materialização do Orixá pessoal de cada indivíduo, geralmente é uma pedra e outros objetos do Orixá. Devem ser depositados em um local apropriado e ter seu Axé renovado.

UMBANDA DE BARRACÃO

# AS INFLUÊNCIAS CATÓLICAS E KARDECISTAS

## Catolicismo, o sincretismo com os Santos

Faremos agora uma pausa por esta rica viagem pela cultura e cultos africanos, uma das maiores influências na religião umbandista, para falar de outras heranças, a das religiões europeias como o kardecismo e o catolicismo, para depois retornarmos ao assunto anterior, quando citaremos os Orixás, teogonia umbandista herdada da mesma fonte afro-descendente.

Falar das influências europeias na nossa religião fará com que acessemos preciosas informações do ponto de vista histórico e cultural, bem como nos remeterá a reflexões sobre diversos valores fortemente incrustados em nossa consciência coletiva/social.

Neste módulo do livro, estudaremos individualmente cada uma dessas duas religiões e suas influências na Umbanda, a começar pelo catolicismo, tão conhecido da maioria dos umbandistas, já que, estatisticamente, em grande parte somos de formação católica.

A mais forte influência católica na Umbanda, a exemplo do que aconteceu em todas as religiões afro-descendentes, é o fenômeno do sincretismo dos Orixás com os Santos, numa mistura de amor e imposição.

Proibidos de cultuar suas próprias divindades, os escravos africanos trazidos para o Brasil encontravam nas imagens católicas uma forma de prestar sua devoção às escondidas. Dessa forma, quando um de seus senhores os viam ajoelhados ou até mesmo dançando e festejando diante de uma imagem católica, nem desconfiavam que estivessem na verdade rendendo culto e devoção aos seus queridos Orixás.

É notório que, naquela época, a igreja católica impunha sua autoridade de forma enérgica, punindo, das maneiras mais drásticas, qualquer outra forma de credo que não a cristã. Se tantos foram queimados nas fogueiras da Santa Inquisição, independente de sua classe ou cor, que dizer dos negros escravos, já previamente marcados pela discriminação?

Aliás, um dos fortes argumentos da igreja e dos brancos católicos, naquela época, para justificar a escravidão era justamente o de que esta seria a única forma de livrar os negros do pecado e aproximá-los de Jesus. Ou seja, escravizando-os, estariam salvando suas almas por não serem cristãos.

Esta é a parte da imposição, que fez com que ocorresse o sincretismo, porém, isso se tornou parte da cultura das religiões africanas no País, na Umbanda, principalmente. O sincretismo religioso acabou se tornando uma excelente ponte para se transpor com segurança a barreira do preconceito, despertando um sentimento de gratidão que marcou definitivamente o Orixá no Santo e o Santo no Orixá – para o Umbandista, ambos são praticamente um só.

Veja a seguir uma lista da correspondência entre os Orixás e os Santos católicos na Umbanda:

| Orixá | Sincretismo / Correspondência Santo católico |
|---|---|
| Exu | Santo Antonio |
| Ogum | São Jorge |
| Oxóssi | São Sebastião |
| Ossaim | Santo Onofre |
| Oxumarê | São Bartolomeu |
| Obaluaiê ou Omulu | São Lázaro/São Roque |
| Xangô | São Jerônimo/São João/São Pedro |
| Oiá ou Iansã | Santa Bárbara |
| Obá | Santa Joana D'Arc |
| Oxum | Nossa Senhora Aparecida |
| Logunedé | São Miguel Arcanjo |
| Iemanjá | Nossa Senhora da Conceição |
| Nanã | Santana |
| Oxalá | Jesus Cristo |

*Esta relação pode mudar, dependendo da região do País. Citamos aqui a forma utilizada no Barracão de Pai José.*

O fato é que a religião católica sempre foi maioria no Brasil, e apesar de a humanidade ter se libertado de certas amarras, permitindo-se o homem a liberdade de interpretar sozinho os ensinamentos do Cristo e as escrituras sagradas, o monopólio católico durante quase 500 anos acabou transformando certas situações em um evento *social* inserido nos costumes e na cultura do País. Certos sacramentos católicos estão impregnados na consciência coletiva do brasileiro como um desses eventos sociais indispensáveis e tradicionalíssimos – exemplo disso é o casamento, o batismo dos filhos etc.

Além de todos esses fatores que acabam, de certa forma, unindo as duas crenças religiosas, ainda existe a manifestação das entidades nas giras de Umbanda, em que muitas vezes nos deparamos com a fé desses nossos Mentores espirituais, trazendo a marca das tradições católicas. Estou falando de um Baiano, por exemplo, que é devoto de Nosso Sr. do Bonfim, uns podem ser católicos, outros candomblecistas, e alguns outros católicos e candomblecistas ao mesmo tempo, "atirando para todo lado" como eles mesmos brincam ao dizer, dessa forma, que sua religião em vida sempre foi apenas "Nosso Senhor".

E assim, em meio a manifestações de Boiadeiros muitos devotos à Nossa Senhora Aparecida, Marinheiros apegados à Nossa Senhora dos Navegantes, Pretas Velhas com o rosário nas mãos, fica bastante clara e explícita a ligação e a herança católica, que, sabemos, acaba exatamente aí, já que mais não existe entre as duas, nenhuma relação, pois o catolicismo não acredita em reencarnação, tampouco na manifestação dos espíritos por meio dos processos mediúnicos, estes muito mais ligados à doutrina espírita do kardecismo francês do que aos conceitos da romana Igreja Católica.

## As diferenças entre Kardecismo e Umbanda

Para tratar deste assunto, elucidaremos conjuntamente muitas de nossas dúvidas a respeito da espiritualidade e da nossa própria maneira de enxergar o aspecto classificatório e evolutivo dos espíritos, pois falaremos de uma religião que estuda muito este assunto no qual a Umbanda tem comum interesse.

Esta religião é o kardecismo, codificado pelo francês Allan Kardec, religião que acredita na vida após a morte, na reencarnação e na comunicação entre espíritos desencarnados e encarnados por meio do fenômeno da incorporação mediúnica, em que estes espíritos literalmente "tomam emprestado" o corpo físico do médium para este fim, além da tradicional escrita inspirada na irradiação desses espíritos, a psicografia.

Acreditam os kardecistas que, por meio dessa incorporação, ensinamentos importantes são transmitidos, visando, sobretudo, ao aprimoramento espiritual dos homens, com ênfase no bom aperfeiçoamento moral.

É exatamente este o ponto de ligação entre o kardecismo e a Umbanda, pois o umbandista, na prática, parte do mesmo princípio.

Na verdade, as tentativas de se estabelecer contato com os mortos remontam aos primórdios da civilização humana, mas foi somente na segunda metade do século XIX que o Espiritismo se estruturou como uma religião.

O grande responsável pela codificação dessa crença foi Léon Hippolyte Denizard Rivail (1804-1869) o nome verdadeiro de Allan Kardec, autor do *Livro dos Espíritos (Livre des Esprits)* lançado em 1853. outros foram estudiosos do tema foram os teóricos Camille Flammarion, Frederick Myers, Andrew Jackson Davies e Charles Richet.

Mas é impossível falar do espiritismo sem mencionar o grande mestre desta religião no Brasil, Chico Xavier, autor de diversos livros e grande responsável pela boa imagem do kardecismo no País.

Outra unanimidade entre kardecistas e umbandistas é o conceito de evolução espiritual, pois ambas as religiões acreditam que, ao atingir determinado grau de aperfeiçoamento, o espírito não precisa mais reencarnar, passando a habitar outros planos, superiores, de existência, mas ainda assim mantém comunicação com os encarnados.

A diferença pode estar na classificação desses graus de evolução, ou melhor, nos parâmetros que a Umbanda enxerga para determinar esses diferentes estágios, que é um pouco diferente da forma kardecista de rotular qual é o espírito apto e qual não é, para se credenciar à prática da caridade e socorro.

Para entendermos isso melhor, basta que nos lembremos da história do próprio surgimento da Umbanda com o Pai Zélio Fernandino de Moraes e das palavras do Sr. Caboclo das Sete Encruzilhadas, já abordadas neste estudo.

Por falar em história, vale registrar aqui que a primeira sessão espírita no Brasil aconteceu em 17 de setembro de 1865, na capital baiana, Salvador.

O kardecismo possui vasta literatura publicada no Brasil e é respeitadíssimo pela constante busca de aprendizado e o incentivo forte e constante para que seus seguidores estudem e ensinem. Isso fez com que muitos terreiros umbandistas adotassem essa literatura como base doutrinadora e teórica para suas práticas rituais, já que em muitos casos os fundamentos se assemelham, como por exemplo:

### • A existência de Deus
Um Deus criador e onipotente, responsável pela existência de tudo e todos.

### • A existência da Alma
A alma é imortal e está envolvida por um corpo espiritual, denominado perispírito. Após a morte, o perispírito conserva as lembranças das experiências terrenas.

### • A existência da Reencarnação
A Reencarnação, chamada pelos kardecistas de Metempsicose, é o processo pelo qual o espírito evolui, ocupando diferentes corpos materiais, para se aprimorar e se redimir de seus erros.

### • A existência da Lei do Carma
É a lei da ação e da reação – ou seja, cada ação corresponde a uma reação. Assim, nossas atitudes presentes vão determinar os rumos futuros do nosso espírito, de modo que nós somos os responsáveis pelo nosso destino.

Esta doutrina kardecista também ensina que os espíritos são divididos em três grupos (que também se subdividem em outros) o que, de certa forma, assemelha-se à doutrina umbandista, mas não na íntegra.

### Veja agora a divisão sob o ponto de vista kardecista:

### • Espíritos Imperfeitos
Essa categoria inclui os "espíritos impuros", os "espíritos levianos", os "espíritos pseudossábios" (que semeiam enganos), os "espíritos neutros" e os "espíritos perturbadores" (também chamados de "brincalhões").

### • Espíritos Bons
Aqui estão incluídos os "espíritos benévolos", os "espíritos sábios", os "espíritos de sabedoria" e os "espíritos superiores".

### • Espíritos Puros
Pertencem a uma categoria única. Desta classe, fazem parte os grandes mestres da Humanidade.

O espiritismo kardecista também pratica o que eles chamam de "doutrinação dos espíritos", em que os espíritos da primeira classe citada são orientados pelos médiuns a encontrarem seu caminho na evolução. Perceba que é exatamente o que se faz na Umbanda, mas de forma diferente do kardecismo, e ainda de forma diferente dentro da própria Umbanda, já que existem diferentes métodos de se realizar tal ajuda e orientação no plano astral. Para entendermos melhor tudo isso, vamos correlacionar as categorias, citando a *forma umbandista* de dividir esses graus de evolução dos espíritos.

UMBANDA DE BARRACÃO

### Espíritos perturbadores, obsessores, de baixíssima evolução

Geralmente vêm *acompanhando* as pessoas que buscam ajuda nos terreiros; na Umbanda, são encaminhados pela força da Tronqueira. Os Exus cuidam de nossas porteiras, ou seja, nem chegam a entrar no templo, graças ao ritual do Padê (veremos em "Ritualística de Umbanda"). Ou, em outros casos, são encaminhados depois de incorporarem em um médium preparado para este fim, no ritual de desobsessão, popularmente conhecido como *descarga* ou *descarrego*, depende do método adotado pelas entidades dirigentes do terreiro.

### Espíritos recém-desencarnados

São espíritos ainda ligados aos seus próximos encarnados e necessitam de um encaminhamento, mas não necessariamente querem atrapalhá-los.

Estes, dependendo do caso, têm permissão de adentrar as dependências do trabalho de um terreiro de Umbanda, onde são carinhosamente orientados e encaminhados pelas entidades lá presentes (não incorporadas) num trabalho invisível, ao menos para aqueles, que não têm o dom da vidência mediúnica.[3] Estes espíritos provavelmente ainda reencarnarão.

### Espíritos de Luz ou Guias de Luz

São os nossos queridos Guias, falangeiros de Umbanda, trabalhadores do plano astral. Esta classe de espíritos assemelha-se (ao menos na teoria) aos *espíritos bons* da classificação kardecista, já reencarnaram um número suficiente de vezes para que não necessitem mais passar por este processo, tornando-se, assim, entidades superiores em experiência e evolução, aptos a ajudar, pois é só disso que necessitam para findar suas missões de caridade de forma direta aos encarnados. À medida que vão finalizando suas missões, podem também ir mudando de faixas vibratórias (passam a atuar em linhas diferentes de Umbanda) ainda na mesma classe de Espírito de Luz.

### Espíritos puros e/ou superiores

São os grandes comandantes do astral, não necessitam mais realizar os trabalhos incorporados em seus médiuns, atuando apenas nos planos elevadíssimos de Deus. Muitas vezes, são confundidos com os próprios Orixás.

A Umbanda acoplou à sua liturgia muito da doutrina kardecista, mas a Umbanda não é espiritismo, o espiritismo é parte do universo ritual da Umbanda, pois, como já aprendemos, nossa religião é a mistura de tudo que é bom, sem preconceitos e sem renegar nenhuma de suas origens, e o kardecismo é uma dessas origens.

---

3  O dom de um médium que o permite ver os espíritos.

# ORIXÁS

## Os Orixás na Umbanda

A religião de Umbanda cultua os mesmos Orixás do panteão africano, os mesmos cultuados pelos povos de nação Kêtu/Nagô nos Candomblés, e estes nossos irmãos fazem isso há muito mais tempo que os umbandistas.

Apesar de os Orixás serem os mesmos, é na forma de cultuá-los que está a diferença e isso já vimos no módulo "Umbanda e Candomblé" deste nosso estudo, pois para falar das próprias divindades Iorubás existem muitos com muito mais conhecimento de causa, como, por exemplo, o renomado pesquisador francês Pierre Fatumbi Verger, que viveu na Bahia e na África por muitos anos, realizando pesquisas *in loco* dedicadas a este assunto, escrevendo vários livros, dentre eles o livro *Orixás, Deuses Iorubas na África e no Novo Mund,* fonte recomendada e segura, para se aprender sobre as divindades.

Falar dos nossos queridos Orixás aqui fatalmente nos remeteria ao erro de diversos escritores que se copiaram uns aos outros no passado, pois, a menos que queiramos inventar algo novo, o que é fato já está claramente explicado na obra de tantos autores consagrados. Muitos deles são do Candomblé? Sim, mas os nossos Orixás também são, e seria muita pretensão querer bater no peito e dizer que sabemos mais do que eles sobre um assunto que conhecemos há menos de 100 anos e os mestres dos cultos de nação conhecem e praticam há milênios.

Ou seja, em vez de repetir aqui o que estes grandes conhecedores

da teogonia[4] dos cultos afro-descendentes já escreveram, daremos aqui um completo e prático guia de dados sobre os Orixás, aproveitando assim para listar os mais cultuados na Umbanda, acrescentando os elementos, cores e oferendas segundo o Barracão e seus mentores espirituais e destacando também alguns elementos que diferem entre as religiões Umbanda e Candomblé.

Mais detalhes da prática do culto umbandista aos nossos queridos Orixás também aparecerá nos próximos módulos deste livro, onde trataremos deste assunto voltado ao cultuar em si, particular ou coletivo, mas não ao estudo de cada Orixá, que é o que faremos agora.

## Exu

*Orixá da comunicação e dos caminhos, encruzilhadas. É Exu, esta divindade tão querida no culto aos Orixás, quanto mal compreendida fora dele, é o responsável pelo contato entre homens e Orixás.*

**DIA DA SEMANA** → Segunda-feira e sexta-feira.
**SAUDAÇÃO** → Laroiê Exu – Mojubá.
**CORES** → Preto, vermelho.
**SÍMBOLOS** → Tridente, ogó, cabaças pequenas e o pênis.
**ONDE RECEBE OFERENDAS** → Nas encruzilhadas, nas estradas, nos cemitérios etc.
**PRINCIPAIS OFERENDAS** → Velas, charutos, galinhas, carne, marafo, farofa, cebola roxa, óleo de dendê.
**BEBIDA** → Marafo (aguardente) e água.
**ELEMENTO** → Terra.
**ALGUMAS ERVAS** → Pinhão-roxo, arruda, eucalipto, salgueiro, jurubeba etc.
**ANIMAIS** → Bode, cabra, galinha da angola.
**COMIDA** → Carne vermelha com muito azeite de dendê, alho, cebola roxa e farofa amarela.
**DOMÍNIO** → As encruzilhadas e estradas.
**PARTICULARIDADE** → Combate às magias negras, imprime respeito, trabalha com a quebra de demandas e é o grande guardião das estradas e encruzilhadas.
**CARACTERÍSTICAS** → Perverso, astuto, leal, vaidoso, ambicioso etc.

---

4 Segundo o *Michaelis* – Moderno Dicionário da Língua Portuguesa, da editora Melhoramentos: te.o.go.ni.a sf (gr. *theogonía*)
1 Genealogia e filiação dos deuses pagãos. 2 Qualquer sistema religioso da Antiguidade, fundado nas relações dos deuses entre si e entre eles e os homens.

## Ogum

*Senhor das estradas, da guerra, das lutas e batalhas do nosso dia a dia, protetor de quem vai à luta, é o soldado e executor das leis divinas.*

**DIA DA SEMANA** → Terça-feira.
**SAUDAÇÃO** → Ogum ê.
**SINCRETISMO** → Em São Paulo, é São Jorge – 23/04 – e na Bahia, é Santo Antônio – 13/06.
**CORES** → Vermelho (Umbanda); azul-marinho (Candomblé).
**SÍMBOLOS** → Espada, lança.
**ONDE RECEBE OFERENDAS** → Nas estradas e estradas de ferro.
**PRINCIPAIS OFERENDAS** → Charuto, rosas vermelhas, suas bebidas e comidas.
**BEBIDA** → Cerveja branca.
**ELEMENTO** → Fogo.
**ALGUMAS ERVAS** → Espada-de-são-jorge, abre-caminho, arruda, folha-de-seringueira.
**ANIMAL** → Cachorro.
**COMIDA** → Feijoada com feijão fradinho, cará, inhame, carnes vermelhas.
**DOMÍNIO** → Caminho, estradas, tudo que é feito com ferro.
**O QUE FAZ** → Abre caminhos, executa a lei.
**CARACTERÍSTICAS** → Impulsivo, guerreiro, líder, intolerante.

## Oxóssi

*Orixá das matas e florestas, tão bom protetor dos animais quanto bom caçador, que só o faz para garantir a subsistência de sua tribo, comunidade, povo.*

**DIA DA SEMANA** → Quinta-feira.
**SAUDAÇÃO** → Okearô!
**SINCRETISMO** → São Sebastião – Umbanda São Paulo e Rio de Janeiro – Candomblé São Jorge – comemorado no dia 20 de janeiro.
**CORES** → Verde na Umbanda e no Candomblé.
**SÍMBOLOS** → O arco e a flecha de ferro fundido.
**ONDE RECEBE OFERENDAS** → Nas matas.
**PRINCIPAIS OFERENDAS** → Velas, charutos, frutas, suas comidas e bebidas.
**BEBIDA** → Cerveja branca e suco de frutas.

**ELEMENTO** → Terra.

**ALGUMAS ERVAS** → Folha-de-guiné, peregum, alecrim-do-cruzamento, manjericão, samambaia etc.

**ANIMAIS** → Cervo, lebre e outros animais da selva.

**COMIDA** → Fruta, inhame, mandioca.

**DOMÍNIO** → As matas.

**PARTICULARIDADE** → Trabalha com cura e pajelança.

**CARACTERÍSTICAS** → Ágil, esperto, inteligente, calmo, responsável, sossegado, fiel e muito curioso.

# Xangô

*O grande rei, Orixá da justiça, aquele que resolve impasses e lidera seu povo como ninguém, vaidoso, rico e elegante, absoluto nas montanhas e pedreiras, seus domínios naturais.*

**DIA DA SEMANA** → Quarta-feira.

**SAUDAÇÃO**: Caô Cabiecilê!

**SINCRETISMO**: São Jerônimo – comemorado no dia 30 de setembro e também São João Batista (24/6) e São Pedro (29/6).

**CORES**: Na Umbanda, marrom; no Candomblé, vermelho e branco.

**SÍMBOLOS**: O oxé, machado de lâmina dupla feita em pedra e a pedra de raio.

**ONDE RECEBE OFERENDAS**: Nas montanhas e pedreiras.

**PRINCIPAIS OFERENDAS** → Velas, charutos, cravos brancos e vermelhos, suas comidas e bebidas.

**BEBIDA** → Cerveja preta.

**ELEMENTO** → Fogo.

**ALGUMAS ERVAS** → Folha de fumo, taboa, jatobá.

**ANIMAIS** → Tartaruga.

**COMIDA** → Amalá, caruru (quiabo), bacalhau com quiabo, fruta-do-conde.

**DOMÍNIO** → A montanha, raio, trovão e pedreiras.

**PARTICULARIDADE** → Trabalha principalmente com a justiça.

**CARACTERÍSTICAS** → Justiceiro, líder, calmo, egocêntrico, vaidoso, mandão.

## Iansã / Oiá

*Orixá dos ventos e das tempestades, rainha dos raios, guerreira das mais temidas. Iansã é a beleza natural da mulher que abre mão da vaidade (porque pode fazer isso sem prejuízo ao seu poder de sedução) para lutar pelo que almeja.*

**DIA DA SEMANA** → Quarta-feira.
**SAUDAÇÃO** → Eparrei Oiá!
**SINCRETISMO** → Santa Bárbara, comemorado dia 4 de dezembro.
**CORES** → Amarelo-ouro (Umbanda); vermelho (Candomblé).
**SÍMBOLOS** → Chifres de búfalo e um alfaje.
**ONDE RECEBE OFERENDAS** → Cachoeira.
**PRINCIPAIS OFERENDAS** → Crisântemos amarelos, rosas amarelas.
**BEBIDA** → Champanhe.
**ELEMENTO** → Fogo.
**ALGUMAS ERVAS** → Aguapé (gigoga vermelha), espada de Iansã, carqueja, folhas de bambu.
**ANIMAL** → Búfalo.
**COMIDA** → Acarajé.
**DOMÍNIO** → Ventos e raios.
**PARTICULARIDADE** → Enfrenta os Eguns, e é guerreira.
**CARACTERÍSTICAS** → Sensual, geniosa, alegre.

## Oxum

*Orixá da beleza e elegância, do ouro e das riquezas, rainha das águas doces, cachoeiras e soberana nos campos da sedução e da esperteza. Oxum é a responsável pela gestação.*

**DIA DA SEMANA** → Sábado.
**SAUDAÇÃO** → Ora iêiê ô!
**SINCRETISMO** → Nossa Senhora Aparecida (12 de outubro); Nossa Senhora da Conceição (08 de dezembro).
**CORES** → Azul-escuro (Umbanda), amarelo-ouro (Candomblé).
**SÍMBOLOS** → Leque (abebé) com estrela e espelho.

**ONDE RECEBE OFERENDAS** ➔ Em rios, nascentes e cachoeiras.

**PRINCIPAIS OFERENDAS** ➔ Velas, flores brancas e amarelas, perfumes, adereços, espelhos, suas comidas e bebidas.

**BEBIDA** ➔ Champanhe.

**ELEMENTO** ➔ Água.

**ALGUMAS ERVAS** ➔ Catinga-de-mulata, oriri, malmequer, jasmim.

**ANIMAL** ➔ Arara.

**COMIDA** ➔ Omolocum, xinxim, ovos, canjica, banana.

**DOMÍNIO** ➔ Água doce.

**PARTICULARIDADE** ➔ Dá riqueza, amor, fertilidade, protege o parto e o bebê.

**CARACTERÍSTICAS** ➔ Bonita, elegante, charmosa, doce, possessiva.

## ～～～ Obá ～～～

*Como escreveu Cléo Martins, é a amazona belicosa. Este Orixá feminino disputou o amor de Xangô com Iansã e Oxum e não teve o sucesso das rivais nesta empreitada. Respeitadíssima pelas mulheres, não gosta de homens e, portanto, dispensa sua devoção.*

**DIA DA SEMANA** ➔ Segunda-feira ou quarta-feira.

**SAUDAÇÃO** ➔ Obá Xirê.

**SINCRETISMO** ➔ Joana D'arc ou Santa Catarina.

**CORES** ➔ Vermelho e branco ou amarelo e laranja.

**ELEMENTO** ➔ Fogo.

**MINERAL** ➔ Cobre.

**ALGUMAS ERVAS** ➔ Manjericão e mangueira.

**DOMÍNIO** ➔ Águas turbulentas.

**ANIMAL** ➔ Galinha de Angola.

**COMIDA** ➔ Moqueca de ovos, manga, amalá.

**SÍMBOLOS** ➔ Escudo e lança e um Ofá (arco e flecha).

**ONDE RECEBE OFERENDAS** ➔ À beira de um rio.

**COMIDA** ➔ Pato, cabra e coquem.

**PARTICULARIDADE** ➔ Assim como Xangô, também é uma justiceira.

## Ossain

*Kosi Ewé, Kosi Orixá (sem erva, sem Orixá). É assim que se diz entre o povo de santo, quando se quer fazer referência ao Orixá das Ervas, aquele que detém o poder mágico de todas elas, pois sem as ervas não tem axé, não tem culto a Orixá, não tem Umbanda. Também chamado de Ossanyn ou Ossanha, esta divindade habita florestas e somente seus filhos podem apanhar suas ervas sagradas.*

**DIA DA SEMANA** → Quinta-feira.
**SAUDAÇÃO** → Ewé O! Ewé O! (Oh! As folhas! Oh! As folhas!) ou Ewé Ewé Assa! (As folhas dão certo!).
**SINCRETISMO** → São Benedito – comemorado no dia 05 de outubro.
**CORES** → Tanto na Umbanda,como no Candomblé, suas cores são o verde-claro e o branco.
**SÍMBOLOS** → O Igbá Òssanyin.
**ONDE RECEBE OFERENDAS** → Nas matas virgens.
**PRINCIPAIS OFERENDAS** → Fumo, cachaça (Oti) e mel.
**BEBIDA** → Cachaça (Oti).
**ELEMENTO** → Terra / Matas.
**ALGUMAS ERVAS** → Todas.
**ANIMAL** → Pássaros.
**COMIDA** → Farofa de dendê com folhas verdes, milho vermelho, feijão fradinho torrado, bodes, galinhas e galos em cores variadas.
**DOMÍNIO** → Mata virgem.
**PARTICULARIDADE** → Trabalha com as ervas, tem domínio sobre elas, conferindo-lhes força curativa.
**CARACTERÍSTICAS** → Feiticeiro, médico.
**QUIZILA** → Ventania.

## Nanã

*Orixá mais velho do panteão africano, foi mãe de Obaluaiê e tem seus domínios relacionados às águas turvas, lamas e mangues. Também chamada de Nanã Buruquê ou Burukum, suas oferendas não podem ser preparadas com a utilização de metais como facas e talheres.*

**DIA DA SEMANA** → Terça-feira.
**SAUDAÇÃO** → Saluba Nanã.
**SINCRETISMO** → Santa Ana comemorada em 26 de julho.
**CORES** → Roxo.
**SÍMBOLOS** → Vassoura e o Ibiri.
**ONDE RECEBE OFERENDAS** → Onde exista argila, barro.
**PRINCIPAIS OFERENDAS** → Velas na cor lilás, pirão, paçoca de amendoim e sarapatel.
**BEBIDA** → Vinho.
**ELEMENTO** → Argila, barro, terra.
**ANIMAL** → Rã.
**COMIDA** → Pirão, jaca, sarapatel.
**DOMÍNIO** → Lugares com barro, pântanos.
**PARTICULARIDADE** → É a responsável pela reencarnação, cuida do corpo dos mortos e recria a vida.
**CARACTERÍSTICAS** → Interessante, madura, séria, super-protetora, ranzinza e vingativa.
**QUIZILA** → Objetos feitos de metal.

## Obaluaiê / Omulu

*Obaluaê, Sapatá, Saponã, Omulu, nomes para o senhor da morte e das doenças, sobretudo, as contagiosas. Temido por isso, mas quem conhece o assunto sabe que, apesar de não trazer saúde, tem poderes para levar as doenças embora, divide com Iansã o poder sobre os mortos.*

**SAUDAÇÃO** → Atotô Ajuberú.
**SINCRETISMO** → São Roque e São Lázaro.
**CORES** → preto, vermelho e branco.
**SÍMBOLOS** → Leguidibá, Xaxará e Brajá de búzios.

ONDE RECEBE OFERENDAS → Cemitérios.
PRINCIPAIS OFERENDAS → Pipoca e suas comidas.
ELEMENTO → Terra.
ALGUMAS ERVAS → Folha de Omulu (canela-de-cachorro) pariparoba, mamona, cambará etc.
ANIMAL → Cão.
COMIDA → Doburu (pipoca enfeitada com fatias de coco), Ewa Dudu (feijão preto com dendê) Eram Kekerê (carnes em fatias), Dodokindó (banana-da-terra frita), cuscuz e milho.
DOMÍNIOS → Os mortos e doenças.
BANHOS → com Osé Dudu (sabão da costa) e ervas guinadas (colônia, saião, manjericão).

## Iemanjá

*A rainha do mar, o Orixá feminino mais popular no Brasil, mãe dos filhos que são peixes e por isso alvo de devoção de pescadores, marujos e de todos aqueles que vivem do mar e para o mar. Considerada a Mãe de todos os Orixás.*

DIA DA SEMANA → Sábado.
SAUDAÇÃO → Odoiá.
SINCRETISMO → Nossa Senhora da Glória no Rio de Janeiro; Nossa Senhora dos Navegantes no Rio Grande do Sul e Bahia e Nossa senhora da Conceição em São Paulo.
COR → Azul-claro.
SÍMBOLOS → Um leque chamado abebé contendo uma sereia.
ONDE RECEBE OFERENDAS → Nas praias.
PRINCIPAIS OFERENDAS → Rosas brancas, perfume de colônia.
BEBIDA → Champanhe branco.
ELEMENTO → Água.
ALGUMAS ERVAS → Folha-de-alfazema, folha-de-colônia, pariparoba, rosa-branca.
ANIMAIS → Peixe de água salgada.
COMIDA → Peixes do mar, arroz, milho, camarão com coco, comidas brancas como canjica e manjar.
DOMÍNIO → Oceanos.
PARTICULARIDADE → Trabalha igualmente com todos, acolhendo-os, fortalecendo-os, trazendo esperança, desempenhando função de uma grande mãe.
CARACTERÍSTICAS → Generosa, caridosa, acolhedora, serena, possessiva.

## Oxumaré

*Talvez a divindade mais poética e exótica do panteão. A metade do ano vive no céu como um belo arco-íris, outra, na terra como uma cobra rastejante, assim é Oxumaré que representa a dualidade que existe em tudo, os polos positivo e negativo. Também tem grande poder sobre as riquezas materiais.*

**DIA DA SEMANA** → Quinta-feira.

**SAUDAÇÃO** → Aro Bobô.

**CORES** → Todas as cores do arco-íris.

**SÍMBOLOS** → Arco-íris.

**ONDE RECEBE OFERENDAS** → Na floresta, de preferência próximo à água doce, nascentes.

**PRINCIPAIS OFERENDAS** → Flores de todas as cores juntas.

**BEBIDA** → Água.

**ELEMENTO** → Terra.

**ANIMAL** → Cobra.

**COMIDA** → Banana e batata-doce.

**DOMÍNIOS** → Geração de vida.

**PARTICULARIDADE** → É o Orixá da abundância e da fertilidade.

## Logunedé

*O príncipe das matas, já que seu pai é o rei delas, Oxóssi, que com Oxum gerou o mais belo dos Orixás masculinos. Logunedé vive nas matas e também nas águas doces e por isso detém a arte da caça do pai e o poder mágico de sua mãe, de quem também herdou beleza e riqueza.*

**DIA DA SEMANA** → Quinta-feira e sábado.

**SAUDAÇÃO** → Olorikim Logun.

**CORES** → Amarelo e verde.

**SÍMBOLOS** → Cavalo-marinho e a margem dos rios.

**ONDE RECEBE OFERENDAS** → Em rios.

**ALGUMAS ERVAS** → Oriri, carqueja.

**PRINCIPAIS OFERENDAS** → Axoxó.

**ELEMENTO** → Água e terra.

**ANIMAL** → Peixe.

**COMIDA** → Axoxô (milho de galinha cozido com coco).

**DOMÍNIO** → Cachoeiras, matas, florestas, rios.

**PARTICULARIDADE** → Rege a adolescência.

# Oxalá

*Sincretizado com Jesus Cristo, é o maior dos Orixás cultuados na Umbanda. Sua imagem está no centro do congá de quase todos os terreiros, é o Orixá da paz, do branco, do poder e da superioridade espiritual.*

**DIA DA SEMANA** → Sexta-feira ou domingo.

**SAUDAÇÃO** → Êpa Êpa Babá! (Viva o Pai).

**SINCRETISMO** → Jesus Cristo, N. Sr. do Bonfim.

**CORES** → Na *Umbanda*: Branca — *Candomblé*: Oxaguian, branca e azul-claro — *Oxalufã*: branca, marfim, pérola e chumbo.

**SÍMBOLOS** → Oxaguian, espada e "mão de pilão" em metal branco. Oxalufã, opaxorô, cajado de prata, chumbo ou metal branco.

**PRINCIPAIS OFERENDAS** → Vela branca, rosa e flores brancas, suas comidas e frutas típicas.

**ELEMENTO** → Ar (céu e atmosfera).

**ALGUMAS ERVAS** → Tapete de Oxalá (Boldo), Saião (Folha da fortuna), Folha da costa, Malva branca, Cana do brejo, Rosa branca.

**ANIMAL** → Pomba branca.

**COMIDA** → Canjica branca cozida, acaçá, massa de inhame, arroz, milho branco, uva branca, pera, maçã, obi branco.

**DOMÍNIOS** → Céu, ar, rios e montanhas.

**PARTICULARIDADE** → Pai de todos os Orixás, é ele quem permitiu a todos os Orixás escolherem seus domínios.

Alheio a disputas, brigas, violência, gosta de ordem, da limpeza e da pureza.

**CARACTERÍSTICAS** → Equilibrado, tolerante, calmo, tem grande respeitabilidade, força de vontade, confiabilidade.

# O CULTO A IFÁ (JOGO DE BÚZIOS)

## O jogo de búzios

O culto a Ifá, a adivinhação através de oráculo, é um culto que existe de forma independente dos demais cultos, ou seja, para responder à tradicional pergunta "existe o jogo de búzios na Umbanda ou só no Candomblé?", eu diria que não tem em nenhum dos dois, pois o culto a Ifá, desde a África, sempre foi um culto à parte do culto a Orixá. Desta forma, não depende dos cultos a Orixá para existir, estes sim em alguns fundamentos dependem do culto a Ifá, do oráculo, para determinar uma série de coisas importantes, como por exemplo a coroa do médium, seus Orixás regentes, que veremos adiante.

Na África, logo ao nascer já se sabia se a criança seria ou não um sacerdote de Ifá e, se o fosse, desde pequeno já recebia tratamento diferenciado, ingressando ainda bem jovem em uma escola especial apenas para aqueles só para estes que seriam os futuros Oluwós. O Oluwó (Babalaô) é o cargo máximo deste culto.

**De forma simples, podemos resumir em:**

**Babalorixá/Ialorixá, Pai/Mãe de Santo** – Como se costuma chamar os sacerdotes de Candomblé e Umbanda que cultuam Orixá e entram em transe mediúnico.

**Oluwó (Babalaô)** – Como se chama o sacerdote de Ifá que cultua Orun-

milá e não entra em transe para a prática do Ifá.

Esta é uma forma simples de ilustrar o fato de se tratar de cultos diferentes, e os primeiros citados (Candomblé e Umbanda) muitas vezes recorrem ao segundo (culto de Ifá) para as consultas necessárias.

Hoje em dia, muitos sacerdotes de Umbanda e Candomblé acumularam a função de Babalaô em seus terreiros, uma situação fácil de compreender, pois nos dias de hoje não existem mais Oluwós.

Mas só o Oluwó, com o devido preparo desde a infância, poderia consultar Ifá, e isso era feito com o Opelê Ifá (uma espécie de fio com caroços e sementes), que indicava o Odu, um tipo de conto/lenda que era interpretado pelo Oluwó e resultava nas respostas das perguntas. Foi então que, no Brasil, os sacerdotes criaram o Jogo com 16 Búzios, também chamado de Merindilogun, onde é Exu que fala, não tendo ligação com Orunmilá. Uma espécie de adaptação que se fez necessária.

Isso aparece claramente no livro *Orixás*, de Pierre Verger, na parte que trata de Orunmilá, e também fica claro nos textos de José Beniste, que em seu livro *Jogo de Búzios, um encontro com o desconhecido* ainda atenta para o fato de que o Opelê Ifá não podia ser jogado por mulheres e os búzios sim. além disso, conta que o novo sistema simplificou e modificou o posicionamento dos Odus[5] e Itans, que antes suas combinações resultavam em mais de 4000 narrativas e hoje se trabalha apenas com aproximadamente 70 caminhos.

No entanto, o jogo de búzios não deixa de requerer muito estudo de seu pretendente a praticante, além, é claro, de preparo ritual e diversos preceitos que devem ser observados.

Na prática, consiste em interpretar as respostas conforme o posicionamento em que caem os 16 búzios ao serem lançados na peneira. Eles podem cair abertos ou fechados e a combinação desses números resulta em um desses odús, que revelam aquilo que o atendido precisa saber.

O objetivo de estudarmos do jogo de búzios estudo não é o de ensinar a jogá-lo, e sim o de explicar exatamente "o que é o quê" nesta questão do oráculo na Umbanda e derrubar alguns tabus, respondendo às dúvidas que sempre pairam a cabeça do umbandista sobre este assunto.

Recorremos aos búzios aqui em nossa casa, basicamente para saber ou confirmar os Orixás que regem a coroa do filho de santo, repetindo assim uma tradição muito antiga. Porém sabemos que podem existir outros métodos para determinar a regência da coroa do médium, o merindilogum é a forma adotada no Barracão.

---

5 Odú significa destino, e também é o nome que se dá para as 256 histórias contadas oralmente e que devem ser decoradas pelo Oluwó na consulta a Ifá.

## A coroa do médium, Orixá Olori, Adjuntó, Herança e Odu (Destino)

O médium umbandista possui o que chamamos de *coroa*, que nada mais é do que o conjunto de quatro Orixás que regem sua *cabeça* (personalidade, arquétipo para o mental e físico), além de ser os Orixás aos quais ele deverá render maior devoção e assumir algumas obrigações.

O Orixá Olori, costumeiramente chamado de Orixá de Frente ou Orixá de cabeça, é, sem dúvida, aquele cujo arquétipo[6] mais aparece no seu regido, ou seja, é o Orixá que mais influencia na personalidade do seu filho. Porém, ele não está sozinho na sua coroa, vem acompanhado dos outros três, Adjunto, Herança e Destino, trazendo muitas vezes o equilíbrio necessário. Mas é fato que nos parecemos mais com o nosso Olori.

**Vejamos então uma explanação simplificada:**

*Se pudéssemos colocá-los em uma ordem, esta seria mais ou menos assim:*

**1 – Orixá Olori** – aquele que exerce uma influência maior do que os demais na personalidade do médium.

**2 – Orixá Adjunto** – aquele que vem junto com o Olori, dando o equilíbrio necessário e é mais facilmente identificado no comportamento do médium depois do próprio Olori.

**3 – Orixá de Herança** – trata-se do Orixá que teria sido seu Olori na sua última encarnação e, portanto, o médium ainda carrega alguns de seus traços e, sem dúvida, sua proteção.

**4 – Orixá de Destino** – este possui um aspecto bastante determinante, pois, com o passar do tempo, ele vai assumindo maior influência na personalidade do médium. Costuma-se dizer que, quanto mais velho o médium, mais seu Orixá de Destino o influencia, podendo em sua velhice estar com ele mais intensamente ativo neste papel do que o próprio Olori.

---

[6] Segundo o *Michaelis* – Moderno Dicionário da Língua Portuguesa, da editora Melhoramentos: arquétipo sm (gr. *arkhétypon*)
1 Modelo dos seres criados. 2 O que serve de modelo ou exemplo, em estudos comparativos; protótipo.

## Para que serve conhecer sua coroa?
## (devoção, obrigações com o Orixá e autoconhecimento)

Em primeiro lugar, um médium umbandista precisa conhecer sua coroa para melhor direcionar-se dentro de sua devoção e assumir suas responsabilidades, perante às obrigações e também às interdições, que sua filiação espiritual exige.

Como vimos no módulo anterior deste nosso estudo, em Teogonia, para cada Orixá existe uma forma específica de render culto e devoção, além das proibições que se deve atentar com igual intensidade.

Para adquirir esse conhecimento, nada melhor do que conhecer os Itãs, as lendas e mitos passados pela tradição oral desde os mais remotos tempos, que servem para embasar historicamente esses fundamentos religiosos e que hoje já se encontram reunidos em diversas literaturas, fruto de pesquisa junto aos mais antigos seguidores dos cultos aos Orixás.

Um exemplo do que estamos falando é o filho de Obaluaiê, que deve saber de sua proibição de comer caranguejos e, mais do que isso, deve saber o porquê desta proibição. Como? Através dos itãs, que neste caso é o que conta a história da adoção de Obaluaiê por Iemanjá. Na ocasião, a rainha do mar encontra Obaluaiê abandonado na praia e com uma porção de caranguejos beliscando suas feridas. Iemanjá imediatamente o salva e o adota como filho, e determina também que, a partir daquele dia, o caranguejo nunca mais andaria para a frente.

Deve saber também o filho de Obaluaiê que sua comida preferida é o doburú, uma pipoca estourada na areia do mar e servida com fatias de coco e azeite de dendê, entre outras coisas.

Cuidar de sua coroa é cuidar de seus Orixás, trazendo seu axé cada vez mais forte para a sua vida, e não é difícil a partir do momento em que se dispõe a conhecê-lo – até porque, além da parte ritual de devoção e obrigações exigir este conhecimento, saber mais de seu Orixá regente é conhecer cada vez mais a você mesmo. E autoconhecimento é igual a melhor qualidade de vida, porque você acessa informações importantíssimas que o ajudarão a enfatizar suas qualidades e a minimizar e/ou controlar melhor seus defeitos.

Tudo na tradição umbandista e nos seus fundamentos sempre trazem um resultado na prática, é incrível a sabedoria desses antigos Babalorixás africanos que, sem ter nem de longe a instrução e os recursos que se dispõem hoje em dia, formularam um verdadeiro "manual de instruções para a vida", riquíssimo no conteúdo e tão aplicável na prática. Se, na maioria das religiões, cultuar um santo é apenas uma devoção, para os seguidores das religiões dos Orixás é também um aprendizado para se viver melhor.

UMBANDA DE BARRACÃO

# Como melhorar seu relacionamento com as pessoas por meio do conhecimento das particularidades dos Orixás

A Umbanda é uma religião que, como muitas outras, prega que estamos aqui (encarnados) para nos aperfeiçoar e para melhorar ou até mesmo saldar certas dívidas com outras pessoas, dívidas que nem sempre foram adquiridas nesta vida. Estamos falando de um dos aspectos da lei do Carma, lei que o umbandista acredita e respeita.

Porém, um diferencial na nossa querida religião é que ela nos apresenta a oportunidade de nos conhecermos melhor e principalmente conhecer melhor as pessoas que convivem conosco – se nesta encarnação co0nvivemos com estas pessoas, é porque foram elas que protagonizaram as histórias de nossas vidas passadas. Que oportunidade é essa de aprendermos mais sobre nós e os outros? A resposta é: tudo que falamos até agora no capítulo anterior, ao conhecer os Orixás, primeiro os de nossa coroa, porque primeiro precisamos conhecer a nós mesmos e, em seguida, conhecer todos os Orixás, para mais facilmente interagirmos com o próximo, principalmente aqueles de nosso convívio cotidiano (irmãos, pais, marido, esposa etc.).

*O primeiro passo para um fumante deixar o vício é se conscientizar de que é viciado, portanto, a primeira coisa que devemos fazer para reduzir ao máximo nossos defeitos é ter consciência plena deles. Por isso, frisamos que, conhecendo seu Orixá regente, você acessa uma enorme gama de informações a respeito de si mesmo, seus pontos negativos que devem ser minados e os pontos positivos que devem ser acentuados.*

*Assim como acessamos estas mesmas informações sobre as características das pessoas, não para julgá-las, muito pelo contrário, para conviver melhor com quem amamos, evitando acionar lados negativos e que desagradem seu semelhante, que em muitos aspectos não é tão semelhante assim.*

*"Dê aos outros o tratamento que você gostaria de receber" – será mesmo que este velho ditado está correto?*

*Não é porque você adora jiló que vai servir esta iguaria aos seus amigos em sua casa, não é mesmo?*

*Pense nisso, o segredo de um melhor relacionamento pode estar justamente aí, as pessoas são diferentes umas das outras, descubra o que agrada você e também se isso agrada o outro.*

*Quando um relacionamento amoroso se acaba, e é comum ouvirmos uma das partes dizer:*

*Não sei por que meu relacionamento acabou. Eu fui para a outra pessoa exatamente o que esperava que ela fosse para mim.*

*E foi aí que esta pessoa errou feio.*

*Você não tem que fazer as coisas com a pessoa amada exatamente como você gostaria que ela fizesse com você e sim fazer exatamente como ela quer que você faça com ela. Claro que nem sempre é possível, mas não custa nada atentar para este pequeno detalhe às vezes tão determinante.*

*Outros motivos podem levar um relacionamento ao fim, claro, mas respeitar as diferenças entre as pessoas é fundamental, e para isso é preciso conhecer estas diferenças.*

*Estou casado há mais de 20 anos, sou filho de Xangô e minha esposa é de Ogum, demorou muitos anos deste convívio para que eu entendesse as diferenças provenientes da regência de nossa coroa e só consegui realmente um convívio beirando a perfeição quando comecei a estudar os Orixás.*

*Descobri então alguns detalhes fundamentais das diferenças entre mim e ela.*

*Para exemplificar, vamos analisar a seguinte situação, que é cotidiana e chega a ser engraçada:*

*Minha esposa (filha de Ogum) pede para que eu (filho de Xangô) ponha o lixo para fora de casa.*

*A filha de Ogum, conforme determina sua personalidade mais comum, espera que eu coloque aquele lixo para fora em no máximo dois minutos, sem protelar, caso contrário ela mesma vai apanhar aquele saco de lixo no terceiro minuto e passar por mim bufando de raiva, provavelmente não falará mais comigo por algumas horas.*

*Por outro lado, o filho de Xangô, ao ser solicitado para levar o lixo para fora da casa, primeiro vai refletir sobre qual a melhor maneira de segurar o recipiente, por cima ou por baixo? Qual o caminho mais seguro? Pela sala de estar é mais rápido, mas pelo corredor previno um acidente de percurso, e o pior é que ele pode estar pensando em tudo isso sentado no sofá e olhando pra televisão.*

*Atualmente nos damos muito melhor, pois ambos conhecem estas diferenças e, portanto, hoje eu apanho o lixo imediatamente após sua solicitação e saio em disparada para a rua. "E ela, por sua vez, espera mais alguns minutos antes de fazer ela mesma o serviço que me pediu, pois nos conhecemos melhor e respeitamos as características pessoais que determinam nosso comportamento."*

Trecho do Livro *Carma – aquilo que deixamos de fazer*

Esta historinha,que acabamos de ler, escrevi no meu primeiro livro e a repeti neste para exemplificar e ilustrar melhor o que estamos estudando aqui. Trata-se de um exemplo de relacionamento entre um casal, mas a mesma teoria pode ser aplicada até mesmo nas nossas relações profissionais, no dia a dia fora de nossas casas, no colégio, no trabalho, ou seja, saber qual é o nosso Orixá regente, conhecê-lo e conhecer todos os outros Orixás e suas características de comportamento não só ajuda sob o ponto de vista da ritualística, do sagrado, da magia, como também se revela um verdadeiro "manual de instruções" que nos ensina a viver melhor enquanto durar esta nossa pequena viagem como encarnados.

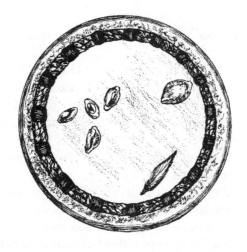

# A RITUALÍSTICA DE UMBANDA

## Como se dá a "missa" dos umbandistas e quais seus fundamentos

Assim como a maioria das religiões, a Umbanda tem seu rito periódico, que costuma ser semanal na maioria dos terreiros, porém isso também não é regra, já que os trabalhos podem ser feitos mais de uma vez na mesma semana. Existem casas que trabalham de segunda a segunda, tamanha a quantidade de filhos e atendidos, podemos citar como exemplo o terreiro do querido Pai Guimarães em Curitiba-PR, o Templo do Pai Maneco, que tem mais de 300 médiuns e giras diárias.

Estamos falando do dia de *trabalho,* como costumam dizer os umbandistas no caso do Barracão acontece nas tardes de sábado. Este é o rito semanal da casa, onde as pessoas que vêm nos visitar recebem o atendimento das entidades que estarão incorporadas em seus médiuns.

Existem diversos ritos especiais, digamos extraordinários, que são realizados para um propósito diferente ou para uma comemoração, louvação a determinado Orixá ou Linha de Umbanda, mas são estes ritos de atendimento, que respeitam uma periodicidade e que poderíamos comparar à *missa* dos católicos.

Contudo, na Umbanda você não vem apenas para fazer orações e assistir ao rito ser realizado pelo sacerdote, aqui o médium vem para tomar parte da prática, vem para trabalhar, o que requer um preparo e um conhecimento.

Iremos apresentar aqui e agora, dentro da ordem original, tudo o que acontece neste *trabalho* de Umbanda, nesta nossa *missa* que chamaremos de *trabalho* mesmo, já que é a palavra que melhor identifica esta missão de caridade realizada pela Umbanda. Mostraremos desde o preparo de um médium, nas horas que precedem este rito, até o momento em que o sacerdote determina o

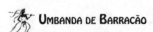

encerramento dos trabalhos daquele sagrado dia, tudo o que se passa, todos os fundamentos e a forma correta de se portar, bem como o porquê de cada gesto.

É muito comum uma pessoa bater palma porque todo mundo bate, colocar a mão no santo porque todo mundo coloca, deitar no chão diante do Congá porque todos se deitam – muitas vezes, isso é uma forma de começar num terreiro e depois ir aprendendo os "porquês", uma consequência da falta de tempo causada pelos trabalhos socorristas e emergenciais dos quais a Umbanda é, às vezes, a única a praticar, o exército de frente, como costumam dizer. Há quem diga que as outras religiões ensinam e a Umbanda resolve, mas é claro que isso não está certo e já faz tempo que as coisas mudaram.

O que importa é que, para muitos, agora será a oportunidade de saber exatamente o que estamos realizando e porque realizamos cada um desses fundamentos.

## Preparação do Médium

Tudo começa em nossa casa, no preparo pessoal do médium durante as horas que precedem o trabalho no terreiro, – "a Umbanda tem fundamento e é preciso preparar", este é um trecho da letra de uma cantiga (ponto cantado) na Umbanda e é a mais pura verdade.

Listaremos a seguir alguns exemplos que podem servir como um *guia,* e explicaremos a finalidade de cada um.

## O banho de defesa

Realize o banho de defesa antes de cada trabalho com as ervas determinadas pelos Guias ou então com ervas leves, como o manjericão, que é de fácil acesso e tem grande poder de elevação espiritual. Outra erva bastante utilizada é a egenda, principalmente para quem está se desenvolvendo, por seu poder de facilitar a incorporação.

É muito importante que o banho seja aplicado próximo do horário de se dirigir ao Terreiro, pois a principal função deste banho é a limpeza espiritual, retirando qualquer negatividade que normalmente contraímos no dia a dia, na rua, no nosso atribulado cotidiano. Um exemplo: se o trabalho acontece no final da tarde, de nada adiantará o médium realizar este fundamento pela manhã e depois ir ao *shopping*, por exemplo, antes de se dirigir ao terreiro, pois ele ficará novamente exposto a essas energias que atrapalham os trabalhos das entidades na hora da incorporação delas.

**Como preparar corretamente um banho de ervas:**
*Para não perder as propriedades importantes da erva, não devemos fervê-la, junto com a água. Primeiro, leve ao fogo apenas a água e desligue-a ao ferver, macere as ervas nas mãos (esfregue-as) e depois coloque na água ainda quente.*

*Os banhos devem ser feitos derramando a mistura sobre o próprio corpo, devagar, mentalizando positivamente e pedindo para que toda negatividade seja levada com ela.*

*Existem algumas ervas que não podem ser colocadas na cabeça do médium, que veremos no módulo "Ebós, ervas e mirongas" deste nosso estudo, mas, na dúvida, sempre realize o banho do pescoço para baixo.*

Existem banhos específicos para determinadas linhas que podem não ser exatamente de ervas, como o de casca de coco para as giras de Baianos e os de alfazema (o perfume) para linha d'Água. Porém, o importante é fazer o banho, mesmo que seja sempre o mais simples e tradicional como os de manjericão e egenda citados anteriormente, que inclusive podem ser feitos desde a cabeça sem qualquer restrição.

## A energia mental

É de extrema importância conservarmos as horas que antecedem os trabalhos sem agitações negativas, pois não conseguiremos bons fluidos nos horários determinados para os trabalhos se horas antes estivermos envolvidos em discussões, brigas, aborrecimentos etc.

O resguardo principal é, o mental, pois é com a mente sã que conseguiremos este contato espiritual, o que em minha opinião é muito mais importante do que certos tabus.

Cada casa tem os seus costumes e determinações de seus Mentores espirituais que devem ser respeitados, mas no Barracão alguns tabus são deixados a critério de cada médium. Estamos falando de certas proibições como, por exemplo, não poder comer carne antes dos trabalhos, algumas pessoas podem, ter neste dia apenas carne para servir em sua mesa.

Que valor tem o médium que não come carne antes do trabalho, mas antes da gira só tem pensamentos mesquinhos, repara no cabelo de um, na roupa do outro, conta uma fofoca aqui, outra acolá, e é cheio de preconceitos?

*O que importa não é o que se coloca da boca para dentro e sim da boca para fora.*

É o preparo da mente que importa, pois o trabalho é espiritual. É claro que a

parte física deve ser preservada, sob o ponto de vista físico e não espiritual. Se o trabalho vai exigir horas de dedicação, é óbvio que não se recomenda comer uma baita feijoada antes da gira, mas isso é outro assunto, isso é físico e não mental/espiritual.

## Os materiais pessoais utilizados no trabalho

Prepare previamente os pertences dos Guias e traga em recipiente apropriado e *seguro*, evitando garrafas de vidro, por exemplo. Prepare também os utensílios necessários, para as obrigações, tais como Bate-cabeça, roupa branca e demais acessórios, dependendo de cada gira. Não se esqueça de providenciar tudo que a entidade vai lhe pedir e vai precisar, isso é responsabilidade do médium e não de seus auxiliares. Exemplo: é errado um Cambono ter de sair correndo atrás de uma erva que o Guia pediu, este deve voltar-se com respeito à entidade e dizer "– desculpe, meu Pai, mas vosso aparelho (o médium) não trouxe esta erva hoje".

## Tratar a entidade Exu individual.

Todos temos um Exu que é nosso guardião e protetor pessoal, não se trata do Orixá Exu, e sim uma entidade desta linha, podendo ser a própria entidade que trabalha nas giras consagradas a Exu no terreiro, que veremos em "As Giras de Umbanda". Portanto devemos sempre cumprimentá-lo e *tratá-lo* corretamente; visando à nossa segurança pessoal.

Acende-se, normalmente, uma vela em local consagrado a ele em nossa casa, colocando também um pouco de sua bebida. Este fundamento visa assegurar sua proteção para o médium e trazê-lo para compor a força da tronqueira do terreiro, que defenderá os trabalhos que lá serão realizados, conforme veremos na explicação do ritual de Padê, tópico deste mesmo módulo de nosso estudo.

## Vela do Anjo de Guarda

É altamente recomendado que se mantenha sempre acesa a vela de seu anjo da guarda ao lado de sua quartinha que foi consagrada a ele no ritual de assentamento de Elegdá (veja em "o que são as camarinha e feituras"), sempre com água, semanalmente trocada. Se ainda não foi realizada esta camarinha, no mínimo acenda uma vela branca e ofereça a seu Anjo da Guarda.

# Quais os pontos de força e segurança do Terreiro?

Ainda seguindo, numa certa lógica, os rituais *pessoais* que precedem o trabalho, falaremos agora dos pontos de força do terreiro, bem como os assentamentos e seguranças, pois fazem parte desta preparação pessoal as devidas e corretas saudações desses pontos logo ao chegar ao terreiro. Forneceremos também uma lista, considerando o nosso Barracão como modelo.

• A primeira coisa que se deve fazer ao adentrar o terreiro é o cumprimento da canjira, uma espécie de casinha que fica do lado esquerdo da entrada da casa, onde está assentado o Exu do terreiro (no caso do Barracão de Pai José de Aruanda é o Sr. Exu Barão e o Sr. Exu da Capela), saudando-o, pedindo sua proteção e autorização para os trabalhos.
Palavras: Laroiê Exu, Mojubá Exu.

• Cumprimento e pedido de licença ao Sr. José Pelintra antes de adentrar o Congá, sua imagem deve sempre estar na porteira do Congá e geralmente do lado de fora dele.

• As saudações no momento de entrar e sair pelas porteiras são de suma importância, bem como nos portões principais, onde a permanência é prejudicial, pois as energias e mirongas das entidades estarão circulando por estes portões. Voltando ao cumprimento, logo na porteira (entrada do Congá) se coloca a mão no chão e a leva até a cabeça, simbolizando o Bate-Cabeça, pede-se licença mentalmente e adentra-se o local sagrado.

• O Congá deve ser saudado com o ritual de Bate-Cabeça, bem como a Curimba (atabaques). No primeiro, deve-se agradecer aos Orixás e pedir sua permissão, proteção e força para o trabalho que se iniciará; já na Curimba se deve pedir a mesma coisa, porém, desta vez direcionado para a entidade de trabalho daquele dia, pedindo para que a entidade que trabalha com você o ajude em mais esta missão.
Lembrando que o ritual de Bate-Cabeça consiste em se deitar diante do ponto de força, colocando a sua cabeça literalmente no chão – simbolicamente, isso significa você colocando sua cabeça aos pés dos Orixás em sinal de subserviência e respeito. É por isso que, na impossibilidade de se deitar diante de uma imagem ou ponto de força, colocamos a mão no pé da imagem e a levamos à nossa cabeça. Perceba que são simples gestos, mas que, muitas vezes, não sabemos explicar o porquê dele.

• Deve ser feita a saudação ao Padê que se encontrará no centro do local do trabalho, uma oferenda que será levada ao Sr. Exu na canjira, momento então de pedir sua proteção novamente (veja no tópico seguinte uma explicação mais detalhada do padê e seus efeitos).

• A partir deste momento, é altamente recomendado que o médium se mantenha dentro do Congá, evitando perder a ligação mágica que acabou de estabelecer com os pontos de segurança do templo.

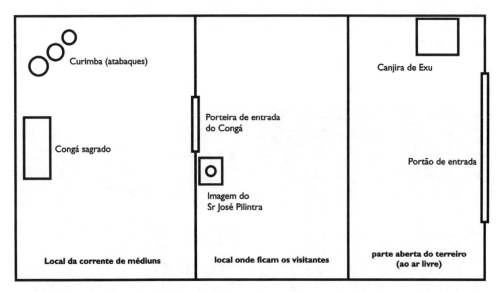

## Em resumo, os pontos de segurança principais são:

- a Canjira do Exu;
- o assentamento do Sr. José Pelintra;
- as porteiras;
- o Congá;
- a Curimba (atabaques).

## O ritual de abertura (Padê e Pontos)

Antes da incorporação das entidades, que vão realizar os atendimentos e darão o chamado *passe mediúnico* aos atendidos, é preciso "abrir" a gira, o trabalho, com os pontos cantados. Estes pontos cantados são cantigas cujas letras, conjuntamente, com os ritmos entoados pelos atabaques, movimentam as energias necessárias para a segurança e o acionamento das forças que tornarão possíveis os processos mediúnicos anteriormente citados. Daí a necessidade de se atentar para a enorme importância destas canções.

No Barracão, iniciam-se com pontos que acionam os nossos queridos Exus, os guardiões que cuidarão das porteiras do nosso terreiro para que nada de ruim atrapalhe os trabalhos – este é o chamado ritual de Padê.

Neste ritual, todos os filhos suplicam esta proteção através dos pontos cantados, dançando ao redor de uma oferenda (geralmente um alguidar com farinha de milho e dendê) que em seguida é levado até a canjira, o assentamento do Exu da casa que fica do lado de fora do conga, perto do portão principal do templo.

NO BARRACÃO, UMA VEZ AO MÊS, TODOS OS FILHOS LEVAM JUNTOS O PADÊ PARA OS EXUS, DE MÃOS DADAS, E AGRADECEM PELA SEGURANÇA DOS ÚLTIMOS TRABALHOS.

Para que serve este fundamento? Na prática, evita o chamado *descarrego*, ou melhor dizendo, este fundamento é feito na porteira, quando um filho de santo ou um consulente adentra as dependências do terreiro, qualquer espírito que o acompanhe, obsessor ou perdido, é encaminhado ali mesmo pelos nossos queridos guardiões. É por isso que no Barracão *não existe os trabalhos de descarga* da forma mais tradicional como ainda

Umbanda de Barracão

se vê em diversos terreiros. Isto não significa que o método antigo, no qual um médium recebe o obsessor no meio do trabalho, esteja errado, apenas adotamos outra forma ritual de encaminhar estes espíritos, poupando os médiuns e assim tornando o trabalho dos Guias de Luz mais direcionados aos conselhos e passes.

Os pontos cantados durante o ritual do Padê são, portanto, os primeiros pontos que acionam uma energia antes da gira começar.

Logo em seguida, já com a oferenda na canjira, cantamos os pontos de abertura dos trabalhos como este agora citado como exemplo:

*Eu abro a nossa gira com Deus e Nossa Senhora*

*Eu abro a nossa gira samborê pemba de angola.*

*Gira, gira, gira com os Caboclos*

*Sem tua gira eu não posso trabalhar*

*Assim, assim, na fé de Ogum meu Pai*

*Sem gira eu não posso trabalhar*

Veja que a letra da cantiga não passa de um pedido de proteção e autorização para a gira começar.

Antes de dar sequência na explicação dos rituais e fundamentos do nosso trabalho, deixemos registrado que existem diversos pontos cantados para diversas finalidades diferentes, sempre visando acionar uma força magística, uma vibração que se deseja alcançar para determinada finalidade. Você verá que os pontos cantados acompanharão todos os demais atos rituais que descreveremos a seguir, cada ato com seu ponto, como uma espécie de mantra cantado, que ajuda a acionar os efeitos que se quer obter em cada um desses procedimentos.

UMBANDA DE BARRACÃO

## As orações

Ainda nesta sequência de abertura da gira, é chegada a hora das orações, em que acima de tudo pedimos por aqueles que não puderam estar presentes, os enfermos, os desencaminhados, todos aqueles que de alguma forma precisam da ajuda das entidades que lá estarão naquele dia. Incluímos aí o "Pai-Nosso" e a "Ave-Maria", demonstrando nossa fé em nosso Senhor Jesus Cristo. Sincretismo ou não, é notório e inegável o aspecto cristão da monoteísta e homogênica Umbanda.

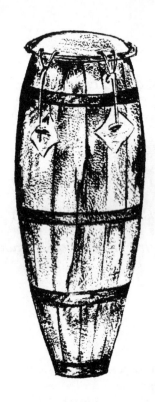

## A defumação, pemba e toalha sagrada

É chegada a hora da defumação, um dos fundamentos mais importantes da Umbanda, no qual são incineradas ervas especiais como a alfazema, o alecrim, o benjoim, entre outras, dependendo do que se quer obter com este ato ritualístico quase tão antigo quanto a própria existência da humanidade.

Mas para que serve a defumação? A defumação tem a função de preparar o ambiente e as pessoas que fazem parte dele, preparar de forma diferente, de acordo com a necessidade e o resultado que se deseja obter. Equilíbrio e adequação daquela *atmosfera* dentro da sintonia do trabalho espiritual que se deseja realizar.

Podemos descrever algumas funções diferentes para cada tipo de defumação, como por exemplo esta que estamos mencionando, a de abertura de uma gira de incorporação, na qual se vão atender às pessoas tanto da corrente de médiuns como de fora dela, ou seja, os visitantes que serão assistidos pelos Guias.

Utilizam-se basicamente o benjoim e a alfazema para equilibrar ainda mais o ambiente e deixá-lo propício ao trabalho de incorporação. Também se associa ervas como o alecrim para uma maior limpeza dos médiuns e assistidos, bem como para acionar as defesas necessárias para recepção daqueles que não se prepararam para a gira, no caso de visitantes novatos que ainda não tiveram esta orientação dos Guias de Luz.

Algumas entidades utilizam-se da queima do fumo para este mesmo fim, mantendo alguns agentes da defumação perdurando por todo o trabalho de atendimento, pois, apesar de a defumação inicial erguer verdadeiras barreiras fluídicas contra as negatividades nocivas ao bom andamento dos trabalhos, seu poder é temporário, pois a baixa vibração pode ser atraída novamente por simples pensamentos negativos dos médiuns ou dos visitantes atendidos, motivo para nos policiarmos quanto aos nossos pensamentos durante os trabalhos.

Isso responde à velha pergunta: se nossos Caboclos são espíritos tão evoluídos, por que eles fumam?

Esta é só uma dentre as diversas utilizações sagradas do tabaco, que nossos índios utilizavam com frequência em seus rituais de pajelança. Porém, o uso profano deste elemento, associado à industrialização que agrega além da nicotina outras centenas de agentes tóxicos, tornou o fumo uma praga mundial, extremamente negativa, aspecto que não devemos considerar no uso sagrado que o fazem os antigos espíritos.

Quem já não acionou velhas lembranças, sentindo fragrâncias que remeteram a lugares ou pessoas, atraentes ou repulsivas? Para nós, umbandistas, ao sentirmos o aroma provindo do charuto ou cachimbo, lembramos imediatamente de nossos queridos Pretos Velhos e Caboclos.

Assim, por meio dos aromas, podemos ficar agitados ou relaxados, próximos ou afastados de pessoas, coisas ou lugares (por isso a defumação pode atrair ou afastar o que queremos atrair ou afastar), e no aspecto espiritual é exatamente para isso que serve a defumação em seus vários formatos e métodos de utilização, tanto por entidades como por médiuns. Serve para se atrair o que se quer atrair e afastar o que se quer afastar.

A Pemba e/ou a Toalha Sagrada também tem suma importância na abertura dos trabalhos e no seu decorrer.

Na abertura, logo após a defumação, o Pai ou a Mãe de Santo se dirige até as porteiras do Congá e sopra um pó branco ao ar, o que tem um significado bastante específico.

É neste ato que se determina a bandeira branca dos trabalhos do terreiro, mostrando para vivos entendidos e para espíritos visitantes (aqueles que foram autorizados pelos Exus da porteira a adentrarem o templo) que ali não se trabalha para o mal, tampouco se atende pedidos que possam atrapalhar uma terceira pessoa, que neste lugar sagrado trabalhamos dentro da lei da Oxalá.

É um símbolo, ou melhor, um ato simbólico, especificamente neste caso, já que a Pemba tem outras utilidades durante os trabalhos dos Guias, mas aqui estamos falando dos rituais que iniciam uma gira.

Mas e os espíritos que porventura adentrem o terreiro depois deste ato, como verificam de forma simbólica e prontamente esta bandeira branca?

*Resposta:* A Toalha Sagrada.

Exatamente, a toalha branca que os sacerdotes e os médiuns utilizam no pescoço, junto com as coloridas guias de contas, tem esta mesma finalidade. Por isso, alguns terreiros utilizam os dois fundamentos e outros utilizam apenas um ou outro, pois tem o mesmo efeito e simbolismo.

Já que citamos mais de uma vez o fato de alguns espíritos, mesmo não fazendo parte das falanges de Guias de Luz, poder adentrar o terreiro, é necessário que se explique novamente que se trata de espíritos que tiveram autorização das forças da canjira/tronqueira, pois não representam perigo, são visitantes, às vezes, são parentes de algum encarnado presente no terreiro, outras vezes, alguém buscando orientação, mas não necessariamente espíritos atrapalhadores, porém, faz-se necessário saber desses postulados éticos da casa.

*Vale lembrar que, na questão do fumo, utilizado como um extensor da defumação, pode surgir o seguinte questionamento: mas e as entidades de crianças, os Erês, como podem não se utilizar destes fumos? Resposta: Primeiro, podemos perceber que sempre existe a presença de um Caboclo ou Preto Velho junto aos trabalhos dos Erês, sempre com seus pitos e charutos. Segundo, existem outras maneiras de se manter estas vibrações, as crianças se utilizam de outros elementos. Terceiro: os Caboclos e Pretos Velhos não utilizam o fumo só para esta finalidade, como já foi dito, e sim para rituais dos mais diversos, uso sagrado e não profano, como a pajelança, por exemplo, rituais dos quais os Erês não fazem uso.*

# O ANO RITUAL NA UMBANDA

Na Umbanda, também se segue um calendário ritualístico, como em qualquer outra religião. A única diferença é que na Umbanda este calendário pode variar em algumas datas, devido aos diferentes sincretismos existentes nas diferentes regiões do País.

Portanto, deixaremos aqui o calendário seguido pelo Barracão de Pai José, sempre lembrando o respeito que alimentamos pela diversidade que pode diferenciá-lo de outros praticados e, da mesma forma, exigindo este mesmo respeito, pelo mesmo motivo.

Vale lembrar que o calendário ritualístico na Umbanda não se limita a uma lista de datas referentes aos dias de cada Orixá. Existem outros acontecimentos relevantes, seja para a casa ou para a religião de um modo geral.

# Calendário Ritualístico do Centro de Umbanda

## O BARRACÃO DE PAI JOSÉ DE ARUANDA

### Janeiro
☼ **20 – Oxóssi / São Sebastião**
*Homenagem com trabalho de Caboclos.*

### Fevereiro
☼ **Sábado de carnaval / Exu e Pombagira**
*Homenagem com trabalho de compadres e comadres.*

### Março
☼ **Sexta-Feira Santa – Fechamento de Corpo**
*Trabalho de Pretos Velhos e Exu*
*(Obs.: A data pode variar dependendo do Calendário Cristão)*

### Abril
☼ **09 – Aniversário do Barracão**
*Festa em homenagem à casa.*
☼ **23 – Ogum / São Jorge**
*Festa para um dos Patronos do Barracão.*

### Maio
☼ **13 – Pretos Velhos**
*Homenagem com trabalho de Pretos Velhos, também é dia da abolição.*
☼ **24 – Santa Sara Kali**
*Homenagem com trabalho de Ciganos*

### Junho
☼ **13 – Exu**
☼ **24 – São João (Xangô - Aganjú)**
☼ **29 – São Pedro (Xangô - Agodó)**
*Homenagens com trabalhos de Exu e Xangô no decorrer do mês.*

Umbanda de Barracão

## JULHO

☼ **26 – Nanã / N. S. Santana**
*Homenagem com toques de Nanã.*

## AGOSTO

☼ **16 – Obaluaiê / S. Roque**
*Festa com trabalho de Obaluaiê e Pretos Velhos.*

## SETEMBRO

☼ **27 – Cosme e Damião (Ibeji)**
*Festa com trabalho dos Erês.*
☼ **30 – Xangô / S. Gerônimo**
*Festa para um dos Patronos do Barracão.*

## OUTUBRO

☼ **05 – Ossaim / São Benedito**
*Homenagem com toques de Ossaim*
☼ **12 – Oxum / N. S. Aparecida**
*Homenagem com trabalho de Baianos*

## NOVEMBRO

☼ **02 – Obaluaiê / Finados**
*Trabalho com passagem de Obaluaiê*
☼ **15 – Dia da Umbanda**

## DEZEMBRO

☼ **04 – Oiá, Iansã / Sta. Bárbara**
*Homenagem com toques de Iansã*
☼ **08 – Conceição da Praia – Iemanjá**
*Trabalho de Praia para Iemanjá, N.S. da Conceição também é sincretizada com Oxum*
☼ **25 – Oxalá**


Entre outubro e novembro, são realizados o trabalho de mata e o Ritual de Amaci.
No Barracão, não se trabalha nas semanas de Natal e Ano-Novo, 25 de dezembro e 01 de janeiro.

UMBANDA DE BARRACÃO

# EBÓS, ERVAS E MIRONGAS

## O que é um Ebó, quais são as principais oferendas, quando se prepara e para que serve?

A princípio, Ebó é o resultado do Jogo de Ifá, uma oferenda que o Aluwó prescreve ao seu atendido, e, se feita corretamente a determinado Orixá, lhe garantirá sucesso nas suas empreitadas ou solução de seus problemas.

Foi assim que surgiu esta palavra do idioma ioruba e esta era a única aplicação para o termo, que com o tempo passou a ser sinônimo da materialização simbólica da devoção do filho de santo a seu Orixá, sobretudo na forma de comida, também chamada de "comida de Santo".

Todo terreiro que se preze, seja de Umbanda ou de Nação, tem a sua cozinha de Santo. Não necessariamente um espaço físico, mas quando se refere a uma *cozinha de Santo* é o respeito e conhecimento desta deliciosa tradição. Uma pessoa deve ser a responsável por esta *cozinha*, uma Iabassê, que conhece as preferências dos Orixás e sabe dos preceitos sagrados para o preparo das comidas.

A maioria dos Orixás foi rei, em tempos imemoriais, e, portanto, a forma de servir a comida deve observar toda a pompa e a realeza que o assunto exige, além, é claro, de conhecer certas proibições, chamadas de *quizilas*, que nada mais são do que alguns alimentos ou temperos que determinado Orixá não gosta ou faz alusão a alguma passagem negativa em suas histórias (os Itãs).

Por exemplo, Oxalá não aceita sal nem bebidas alcoólicas em suas oferendas, Ibeji gosta de alimentos doces, Obaluaiê gosta de dendê, mas não de sal, Nanã não aceita que seus alimentos sejam cortados com faca (veja a importância de saber preparar da forma correta para cada Orixá).

Todo este ambiente mágico, regado a fortes e irresistíveis temperos,

resulta numa das maiores riquezas culturais da Umbanda, do povo de santo, que com certeza influenciou e influencia a culinária brasileira. Isto pode e deve ser aprendido, pois saber servir corretamente seu Orixá é saber agradar a um Pai/Mãe que muito o ama.

Mas o Ebó, apesar de seu fundamento sagrado, não é feitiço. E qual é este fundamento?

Ebó também não é só a comida de santo, é a oferenda, um conjunto de agrados cujo prato é o centro e principal presente, seguindo esta tradição tão rica.

Devemos incluir no conceito de Ebó as bebidas e os presentes que, em conjunto, demonstram o que o filho de santo está pedindo e para quem.

Todas as materializações de nossa fé, seja uma vela, uma flor, uma oferenda, são símbolos sagrados e mágicos que acionam forças de diversas origens e para os mais variados fins. Isto porque é através deste símbolo que os espíritos poderão confirmar o desejo e a autorização do filho de santo para sua intervenção, já que existe o livre-arbítrio que nos permite querer ou não a ajuda das Entidades e até a de Deus, sendo, portanto, extremamente respeitado pelos planos superiores.

Para explicar melhor, tomarei como exemplo uma oferenda que determinada entidade, um Guia de Luz, sugere a seu consulente durante um atendimento.

Por que ele (a Entidade) precisa daquela ação de seu assistido para realizar o pedido que este lhe fez? Seria este Guia de Luz um espírito egoísta e interesseiro que nada fará sem que lhe seja ofertado algo? Ou pior, seria este espírito, tão desenvolvido apegado ainda às coisas materiais como a comida?

Claro que não. É preciso saber o que estamos fazendo e por que fazemos, é este o objetivo deste estudo. A resposta é simples, mas requer reflexão sobre os planos superiores.

Ainda utilizando o exemplo citado, imagine que esta Entidade, mesmo estando em patamares de evolução muito maiores que os nossos, meros reencarnados, ainda assim está submetida a uma hierarquia no plano astral e respeita muito o livre-arbítrio do ser humano, portanto, precisa que você materialize sua vontade de ser ajudado para que este Guia de Luz também tenha autorização para fazê-lo.

Assim, à medida que um filho de santo coloca uma oferenda, está autorizando, por meio de um símbolo, que a Entidade atue sobre sua vida. O que ele coloca, onde ele coloca e como ele o faz determina exatamente o que ele quer, de quem ele quer e por que ele quer isso, numa espécie de linguagem mágica que acionará a força necessária para aquela finalidade.

A oferenda tem, portanto, seu fundamento, e é preciso conhecê-lo, entendê-lo e aceitá-lo, ou seremos eternamente taxados de feiticeiros, e na verdade estamos seguindo preceitos sagrados e solidamente fundamentados nos processos dos perfeitos planos de Deus. Este fundamento, somado ao respeito às tradições, resulta na

UMBANDA DE BARRACÃO

prática sagrada e magística do Ebó e ainda agrada aos Guias e aos Orixás, além de autorizá-los e fornecer as ferramentas necessárias para suas ações divinas.

Vale lembrar que existem diferenças entre a forma que se faz e se serve a comida para um Orixá, em oferenda, daquela que nós comemos em camarinhas e feituras e nas festas em homenagem às divindades.

Os mensageiros dos Orixás, ou seja, os nossos queridos Guias de Luz que incorporam no terreiro, também podem ser ofertados com comidas, porém preparadas como se serve às pessoas, como na segunda hipótese no parágrafo anterior, é um gesto de gratidão de nossa parte pelo árduo trabalho que realizam. Não confundir com os Ebós solicitados por eles para trabalhos específicos, estes somente o Guia é que vai dizer como deve ser feito e o que será colocado.

Importante é ter sempre a consciência da necessidade de se preservar a natureza, evitando colocar estas oferendas em lugares em que elas possam se tornar agressoras do meio ambiente e principalmente, nunca deixar qualquer material que não seja biodegradável na mata, como garrafas, pratos, plásticos etc. O melhor lugar para se colocar a oferenda é aos pés do conga, em nossa casa ou terreiro.

A oferenda só pode ser levantada depois de 12 horas.

## Qual a importância das ervas para os umbandistas, quais as principais ervas e suas funções dentro do culto?

Kosi ewé, kosi Orisa, significa *sem ervas, sem Orixá*.

Basta ler esta frase iorubá, entoada com tanta propriedade pelos Babalorixás e Ialorixás há milênios, que já se pode ter ideia da importância das ervas para as religiões que cultuam os Orixás, e a Umbanda é uma dessas religiões.

Existem milhares de aplicações rituais e também medicinais. Os pajés das tribos indígenas sempre se utilizaram dessas duas propriedades, bem como os escravos negros faziam uso delas para curar diversos males, sendo inclusive muito procurados nas senzalas pelos seus senhores quando estes não encontravam, na medicina tradicional, alívio para seus problemas. Daí o motivo para estas ervas serem tão utilizadas na nossa Umbanda dos Caboclos e Pretos Velhos.

Mas é necessário ter muita cautela e conhecimento para administrar seu uso fitoterápico, por ingestão, já que muitas delas possuem efeitos nocivos à saúde, podendo levar até mesmo à morte.

Mas os Caboclos e Pretos Velhos não são profundos conhecedores destes efeitos? Por que, então, o médium deve se preocupar?

As entidades conhecem bem estes maravilhosos presentes de Deus, e nisso confia-se plenamente. Porém, nós, médiuns, somos seus intérpretes e passivos de erro, ou seja, podemos interpretar erradamente uma receita passada por meio dos processos mediúnicos (veremos em "Mediunidade e incorporação").

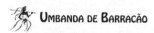

Além disso, nossa função é cuidar do lado espiritual, utilizando as ervas em seus efeitos ritualísticos, magísticos e não medicinais, deixemos essa parte para os médicos e fitoterapeutas especializados. A prática da Medicina por não graduados é crime.

"Na dúvida, receite água."

É a fé da pessoa que fará toda a diferença, se o problema for espiritual.

Por este motivo, listamos uma pequena amostra das ervas mais utilizadas ritualmente, e ainda assim citamos seu poder fitoterápico, medicinal, para termos conhecimento dos perigos no uso interno de algumas ervas tão conhecidas de nós, umbandistas.

Atente para o uso ritualístico, este, sim, bastante importante no nosso trabalho mediúnico cotidiano.

### COLÔNIA OU COLÔNIA-DO-NORTE

Uma das folhas mais importantes e utilizadas na Umbanda e Candomblé. Tem como principal característica ritual ser a maior erva contra Egum que existe.

**FORMAS DE USO** → Defumação e banho.

**ORIXÁS** → Iemanjá e Oxalá.

**CARACTERÍSTICAS** → Folhas grandes, lisas e longas, de coloração verde.

### GUACO, ERVA-DE-COBRA OU CIPÓ-CATINGA

Esta erva veio do Peru e era utilizada pelos incas contra picadas de cobras e de insetos venenosos, usando uma folha para uma xícara de água.

Os índios utilizavam a folha do guaco em banhos para afastar a cobra humana.

Da folha desta planta, prepara-se o xarope para combater a bronquite e as tosses rebeldes (derrete-se o açúcar junto com as folhas picadas, acrescenta-se água e ferve até engrossar, pode-se adicionar mel no final).

**FORMAS DE USO** → chá, xarope e banho.

**ORIXÁS** → Iansã / Oia.

**CARACTERÍSTICAS** → Planta trepadeira com folhas totalmente verdes e de espessura mais grossa, flores brancas.

### MÃO-DE-DEUS

Muito receitada para combater vícios de drogas (cigarro, bebida etc.) pode ser utilizada na forma de chá e também em rituais de sacudimento, em pó.

Coloca-se sob o travesseiro para fazer dormir. O fruto maduro, por infusão, é usado contra hemorroidas.

**FORMAS DE USO** → Chá, pó, sacudimento.

**ORIXÁS** → Oxalá

**CARACTERÍSTICAS** → Cipó muito comum em terrenos abandonados, suas folhas lembram a palma de uma mão dividida em cinco lobos, flores amarelas.

## TERRAMICINA OU PERNA-DE-SARACURA

Boa para combater infecções, internas ou externas, excelente depurativo do sangue, utiliza-se em forma de chá,para se tomar de hora em hora ou de 2 em 2 horas.

A exemplo do guaco, também é utilizado contra picadas venenosas e como antibiótico.

**FORMAS DE USO** → Chá.

**ORIXÁS** → Xangô e Iansã / Oia.

**CARACTERÍSTICAS** → Caule e folhas arroxeadas.

## ARRUDA

Mais uma erva bastante utilizada ritualisticamente, conhecida por todos e que ao mesmo tempo requer muitos cuidados, tanto no sentido ritualístico como medicinal. Seu uso ritual é bastante vasto, principalmente como amuleto e banhos, porém este último não pode ser aplicado na cabeça, salvo em filhos de Ogum e Exu, os Orixás desta erva.

Pó da folha seca: seu uso medicinal é bastante moderado, pois tem ação vermicida (ótimo contra pulgas e piolhos).

Durante a gravidez, a arruda tem um efeito especial sobre o útero, ocasionando hemorragia grave, levando ao aborto e à morte. "Acrescentamos que o aborto é raro e que a administração desta substância com um fim criminoso (aborto) pode acarretar a morte da mãe sem que haja parto". (*Héraud Dictionnaire des Plantes Medicinales*, p. 541).

Repetimos a advertência que, por se tratar de uma planta muito ativa, só deve ser administrada com muita prudência, quando usada internamente.

O chá de arruda é bom calmante dos nervos e trata urina presa.

**FORMAS DE USO** → Amuleto, pó de uso externo e chá.

**ORIXÁS** → Ogum e Exu.

**CARACTERÍSTICAS** → É um subarbusto com folhas pequenas verde-claras fortemente aromáticas.

## ALFAVACA, ERVA-DE-BOIADEIRO OU MANJERICÃO-DE FOLHA-LARGA

Esta erva é muito utilizada pelos caboclos em rituais de sacudimento (geralmente junto com peregum), tem suas folhas aromáticas, estimulantes e diuréticas. Aplica-se nos casos de ardor ao urinar, enfermidades dos intestinos, estômago, rins e bexiga.

Usa-se, externamente, para gargarejo em casos de dor de garganta, aftas etc.

Com o chá das folhas, ou com o chá das sementes em maceração, preparam-se compressas que as mães lactantes aplicam sobre os bicos dos seios afetados.

**FORMAS DE USO** → Chá, sacudimento, gargarejo.

**ORIXÁS** → Oxalá, Oxóssi, Oxum.

**CARACTERÍSTICAS** ➔ Planta muito perfumada de folhas ovais ou oval-elípticas, compridas. Inflorescência em espigas.

## MANJERICÃO

"É uma erva boa pra tudo", esta é a melhor definição do manjericão, que é bastante conhecido na cozinha em forma de cozimento. Tem como principal característica ritual o poder de elevação espiritual, por isso é muito utilizada em banho da coroa, amaci.

**FORMAS DE USO** ➔ Banho e chá.

**ORIXÁ** ➔ Oxalá.

**CARACTERÍSTICAS** ➔ Pequenas folhas ovais arredondadas de coloração verde-clara-inflorescência em espigas.

## PEREGUM, PAU D'ÁGUA OU IPEREGUM

Erva de uso extremamente ritual. Suas cores diferenciadas auxiliam na identificação dos Orixás alusivos a cada uma delas e são extremamente apreciadas para rituais de sacudimento, acompanhadas de outras ervas ou não, muito utilizadas também em banho de amaci ou que antecedem cada trabalho de seu respectivo Orixá.

**FORMAS DE USO** ➔ Banho de sacudimento.

**ORIXÁS** ➔ De acordo com as cores, sendo verde de Ogum; verde e amarelo de Oxóssi e Logunedé; verde e branco de Ossain; vermelho de Oiá e Xangô.

**CARACTERÍSTICAS** ➔ São folhas lisas e compridas, um pouco mais estreitas e menores do que a colônia, por exemplo, encontradas nas cores acima citadas.

O Peregum vermelho (Xangô e Oiá) também é chamado de folha-de-fogo.

## ABRE CAMINHO OU PERIQUITINHO DE OGUM

Sua aplicação é também de cunho ritual. Nas formas de banho de defesa, sacudimento e defumação, com o principal objetivo de abrir os caminhos, seja no trabalho ou na vida pessoal.

O pó, feito de suas folhas secas e trituradas, serve para misturar ao pó de pemba ou pó de abre caminho.

Também se usa a folha seca no meio da carteira profissional ou da carteira (a exemplo do acoco), o correto é devolver a folha de onde foi retirada.

**ORIXÁ** ➔ Ogum.

**CARACTERÍSTICAS** ➔ Folhas bem finas e de coloração roxa de um lado e verde do outro.

Esta planta tem a excelente função de auxiliar no desenvolvimento dos novos médiuns. Usada em banhos, tem o poder de trazer rapidamente os Guias do filho de santo.

**FORMAS DE USO** → Banho antes dos trabalhos.

**ORIXÁ** → Ogum.

**CARACTERÍSTICAS** → Planta rasteira, com folhas de coloração verde e roxa, geralmente verde por cima e roxa por baixo, mas pode variar.

## ALECRIM

Esta também é uma erva utilizada para em quase todos os rituais, mau-olhado, quebrante etc. Seu uso medicinal está voltado para o coração, como um tônico, mas pode ter efeito dilatador, deve-se tomar cuidado com a quantidade ao utilizá-lo.

Não confundi-la com alecrim do cruzamento, também conhecido por alfazema do Brasil, ou alecrim-do-norte, como é chamado na Bahia, este já tem maior aplicação ritual por seu poder de afastar Egum.

**FORMAS DE USO** → *Alecrim* – Chá

*Alecrim do Cruzamento* – Banho, defumação, pó e sacudimento.

**ORIXÁS** → Oxalá, Oxossi.

**CARACTERÍSTICAS** → *Alecrim* – Folhas opostas cruzadas e estreitas, de bordas voltadas para baixo de coloração verde-escura, exala cheiro aromático, forte e agradável.

*Alecrim de Cruzamento* – Caule estirado esgalhado, com folhas bem pequenas e verdes.

## GUINÉ, PIPI OU AMANSA-SENHOR

Erva muito utilizada por Caboclos e Pretos Velhos em suas mirongas. Excelente para banho de descarrego e sacudimento. Costuma-se colocar uma folha sob o pé para atrair coisas boas.

Um detalhe importante é que seu uso interno é altamente restrito: apesar de ter funções medicinais, as doses teriam de ser mínimas e muito bem administradas para não causar efeitos nocivos que podem levar inclusive à morte.

Externamente, o guiné tem diversas aplicações analgésicas. Empregam-se as folhas machucadas, em compressas, para acalmar as dores de cabeça, dores reumáticas etc.

**FORMAS DE USO** → Banhos e compressas externas, sendo proibido o uso interno.

**ORIXÁS** → Oxóssi.

**CARACTERÍSTICAS** → Subarbusto de até de um metro e meio de altura, ramos eretos, folhas médias e verde-clara.

## LOURO

Outra erva muita conhecida nas cozinhas, como condimento e tempero, e que também tem qualidades rituais e medicinais. Em rituais, é muito utilizada em defumação e banho para atrair prosperidade. Tem bons resultados para combater a ausência da menstruação (amenorreia) em forma de chá, ou no combate da nevralgia e reumatismo, fazendo-se fricções com o azeite extraído das folhas sobre as partes doloridas.

**FORMAS DE USO** ➔ Defumação, banho e chá.

**ORIXÁS** ➔ Iansã / Oiá.

**CARACTERÍSTICAS** ➔ Árvore de tronco liso.

Folhas semelhantes às da laranjeira, são mais duras que o normal, como se estivessem secas.

As informações do uso medicinal deste pequeno estudo das ervas provêm da participação de Pai Alexandre no Curso de Ervas Medicinais, ministrado pelo Profº. Jair Bonamigo, grande amigo e colaborador do Barracão nesta área.

| ERVA | ORIXÁ | APLICAÇÕES FITOTERÁPICAS | APLICAÇÕES LITÚRGICAS |
|---|---|---|---|
| Boldo-do-Brasil ou Tapete de Oxalá | Todos, exceto Exu | Males do fígado, diurético, dores de cabeça (uso moderado) | Banho de amaci. |
| Abre Caminho ou Piriquitinho de Ogum | Ogum | | Sacudimento e banhos para abertura de caminhos |
| Cipó Insulina | | Combate a diabete | |
| Anador (Periquito) | | Calmante das dores, diurético, depurativo do sangue | |
| Novalgina | | Hemorragias, regras abundantes, mucosidade nos intestinos | |
| Terramicina | Xangô e Iansã | Anti-infeccioso, depurativo do sangue, trata picadas venenosas | Banhos e defumações para o trabalho do Orixá |
| Tetrex | | Anti-infeccioso | |
| Cauda-de-cavalo, Cavalinha ou Bambuzinho | Iansã | Remineralizante, Anti-hemorrágica, contra cálculos renais | |

| ERVA | ORIXÁ | APLICAÇÕES FITOTERÁPICAS | APLICAÇÕES LITÚRGICAS |
|---|---|---|---|
| Peregum, Pau D'água verde e amarelo | Logunedé e Oxóssi | | Defumações para o Orixá e banhos de amaci. |
| Cipó Abútua ou Jarrinha | | Anti-inflamatório, menstruação difícil, calmante | |
| Atroveram | | Dores e cólicas estomacais | |
| Camomila Brasileira | | Males do estômago, menstruação difícil, colesterol, triglicérides | |
| Bálsamo-do-Brasil | | Gastrite, úlceras e feridas | |
| Bálsamo-do-Perú | | Dores musculares, contusões, uso externo | |
| Peregum verde inteiro | Ogum | | Amací e sacudimento |
| Incenso Ibora, Incenso Ripália | Todos | Tônico do coração, dores musculares | Defumação |
| Espelina Carijó, Cipó Abútua Púrga | | Laxante forte | |
| Mentrasto, Erva-de-São-João | | Antidepressivo, gases, cólicas uterinas | |
| Coqueiro Geriva | Baianos e Boiadeiros | Anemia (Fruta), Diurético (Casca), Fortificante do Sangue (Raiz) | Sacudimento e defumações para linhas de Boiadeiros |
| Boldo Chileno/Índio | | Cálculos do fígado, gases intestinais, digestão difícil | |

## O que são as magias popularmente chamadas de mirongas, e quem está preparado para se utilizar delas?

Para responder à primeira pergunta, o que são mirongas, magias, a resposta é simples: tudo isso que estamos vendo neste módulo do nosso estudo e muito mais.

Estudamos sobre o Ebó e tudo que se pode fazer com determinadas ervas (sacudimentos, banhos, defumações), mirongas, são exatamente isso.

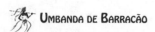

Mironga nada mais é do que o acionamento de uma ou outra força superior (ou um conjunto delas) por meio da manipulação de elementos que permitem este acionamento. Assim, um simples banho de defesa é uma mironga, pois, pelo elemento erva, somado à sua manipulação e preparo junto com a água, mais a *ação,* que é o próprio ato de derramar esta mistura sobre o corpo físico, resulta no acionamento de uma força maior, invisível, benéfica ou maléfica dependendo do que foi manipulado.

O(s) **elemento**(s) + o **preparo** (entenda que aqui inclui a concentração) + a **ação** (entenda que aqui inclui todo o ato ritualístico) = **magia/mironga.**

## MIRONGA = ELEMENTO + PREPARO + AÇÃO

### Quem está preparado para se utilizar das mirongas?

Depende da mironga, pois estará preparado aquele que conhecer o elemento para aquele fim, souber prepará-lo, bem como souber se preparar para aquele ritual e realizar o ato em si com o devido respeito, cuidado e atenção que ele exige.

Não é por acaso que a maioria das mirongas, principalmente as mais poderosas, são realizadas pelas Entidades, os Guias que trabalham conosco incorporados – muitas delas nem mesmo o sacerdote conhece ou estaria preparado para realizá-la.

Por outro lado, existem diversas mirongas cuja realização está ao alcance de qualquer médium, pois a mediunidade já o credencia para tal, e bastaria este médium possuir o conhecimento do elemento, do preparo e da forma de agir corretamente para então poder acionar estas forças.

Soma-se a tudo isso uma grande *responsabilidade.*

É extremamente importante acrescentar aqui que o realizador da mironga é o único responsável pelo seu resultado, e não a força que ele acionou. Realizar uma mironga que possa, de alguma forma, atrapalhar alguém mesmo que indiretamente, é extremamente prejudicial a quem a realizou.

Proteger-se não implica atacar seus agressores. Querer algo de bom para si não exige que tenha de tirar de outro. Gostar de alguém não lhe dá o direito de infringir a lei do livre-arbítrio alheio, pois já vimos que nem mesmo os Guias mais evoluídos realizam qualquer atividade em favor de alguém sem que este manifeste o desejo em ser ajudado, explicitamente, por meio do símbolo materializado.

Estamos tratando aqui dos princípios básicos que um médium umbandista deve levar como regra e assim começar a se habilitar às práticas rituais.

Realizar um banho de defesa é uma mironga, celebrar uma camarinha de assentamento de Orixá para um filho de santo também. Qual é a diferença entre as duas?

O discernimento deve vir do bom senso, pois, como já dissemos, além de conhecer profundamente elemento/preparo/ação, e só isso já diferencia os dois exemplos citados pela óbvia diferença de quantidade desses elementos, preparos e ações, ainda é preciso saber que determinadas mirongas exigem que o seu realizador tenha passado ele próprio por outras maiores, até porque, no segundo exemplo, o realizador da mironga está fazendo para outra pessoa e não para si mesmo.

**Ou seja, as diferenças destas duas mirongas citadas são:**

1º – O banho de defesa exige conhecimento muito menor do que a camarinha de feitura pela enorme diferença na quantidade de elemento/preparo/ação.
2º – Os rituais da camarinha exigem de seu realizador que este já tenha feito as suas, ou seja, só um sacerdote pode formar outro sacerdote, por exemplo.
3º – O banho de defesa é uma mironga que o médium realiza para si, sem envolver terceiros, a camarinha é uma mironga que o sacerdote realiza para outra pessoa.

A responsabilidade é aumentada significativamente.

Veremos adiante no nosso estudo que todo médium iniciado já exerce parte de um sacerdócio, e uma das razões é justamente esta. Realizar uma mironga, por mais simples que ela seja, já é um ato ritual, que em outras religiões só caberia ao sacerdote.

Na Umbanda, o médium tem, portanto, a obrigação de conhecer suas responsabilidades a este respeito e de procurar aprender cada vez mais.

UMBANDA DE BARRACÃO

# AS GIRAS DE UMBANDA

## O que são as Giras de Umbanda?

Falar das Giras de Umbanda é falar da essência do nosso ritual, do que diferencia a Umbanda de todas as outras religiões e a torna uma cultura única e singular, apesar de todas as influências que ajudaram a compor seus postulados.

Não estamos falando das Linhas da Umbanda, que são 7, e sim das Giras que aparecem em maior número no ritual umbandista e, claro, todas elas estão ligadas a uma destas 7 linhas da Umbanda.

Assim como cada Gira pode estar ligada a um determinado Orixá, mas não é a manifestação do próprio Orixá, e sim de seus mensageiros (veremos no próximo tópico).

As Giras de Umbanda são as divisões destes mensageiros em diversos grupos, vibrações, regências que os diferenciam.

As Giras de Umbanda são as diferentes falanges de Espíritos de Luz, que trabalham juntas em uma vibração específica, facilmente identificada nos trejeitos e no modo de trabalho destas Entidades.

São os Baianos, os Caboclos, os Pretos Velhos, os Boiadeiros, os Erês, os Marinheiros, os Exus, dentre tantas outras manifestações mágicas de grupos gigantescos que trabalham juntos, ou por pura afinidade ou por se encaixar naquela vibração para o melhor cumprimento de suas missões com os encarnados.

Na prática, são os diferentes *trabalhos* de Umbanda. Como vimos no módulo anterior do nosso estudo, chamamos de *trabalho* o ritual periódico de atendimento onde médiuns incorporados destes Guias de Luz auxiliam as pessoas que a Eles recorrem. E estes Guias de Luz se dividem nestes grupos.

UMBANDA DE BARRACÃO

No dia do trabalho, é chegada a hora de uma dessas Giras acontecerem, ou seja, em cada trabalho é uma destas falanges, um destes grupos de Entidades interligados por uma mesma vibração, que cumprirão seu papel de caridade.

## No Barracão de Pai José de Aruanda, realizam-se as seguintes Giras de Umbanda:

- Pretos e Pretas Velhas
- Caboclos de Oxóssi
- Mensageiros de Xangô
- Mensageiros de Ogum
- Baianos
- Erês/Crianças
- Linha d'Água (mensageiras de Iemanjá, Iansã, Nanã e Oxum)
- Boiadeiros
- Marinheiros
- Ciganos
- Exus e Pombagiras
- Exu Mirim

Ainda neste módulo do livro, daremos as características de cada uma destas manifestações. Mas, antes de seguir adiante, como já mencionamos, as Giras não são as Sete linhas de Umbanda, mas os grupos de espíritos que podem atuar em uma ou mais de uma destas Sete linhas, que são:

- Oxalá
- Ogum
- Oxóssi
- Xangô
- Iemanjá
- Yori
- Yorimá

Conseguimos relacionar facilmente algumas Giras a uma das Sete linhas, e outras, nem tanto. Na parte que trataremos individualmente de cada uma delas também mencionaremos estas relações.

Mas, se não se trata da incorporação do próprio Orixá, quem são estas Entidades que trabalham nestas Giras umbandistas? Para responder, precisamos estudar exatamente esta diferença entre o Orixá e o Guia de Luz.

## Quais as diferenças entre a Entidade (o Guia de Luz) e o Orixá (Divindade)?

Agora, teremos oportunidade de entender melhor quem são estas Entidades trabalhadoras de Umbanda, e o que vai nos ajudar a chegar a esta compreensão é a necessidade de explicar a diferença entre a Entidade, o Guia de Luz, trabalhador de Umbanda, e o Orixá, a Divindade, a força divina emanada de Deus, que rege a todos nós, Umbandistas.

Já tratamos neste livro de um assunto parecido, quando falamos dos nossos queridos Orixás, bem como quando estudamos as diferenças entre os cultos de nação, o Candomblé e a nossa Umbanda. Porém, deixamos para este tópico as explicações mais detalhadas sobre estes nossos amados Guias, as Entidades das Giras umbandistas.

Sabemos que os Orixás, para nós, umbandistas, são as Divindades que nos interligam a Deus e se manifestam, ou emanam, das forças da natureza, não se tratando de espíritos que um dia foram encarnados e hoje não mais reencarnam. Mesmo nos Itãs africanos, Eles nunca foram mortais encarnados, e sim conviveram com os homens antes do Orum (Céu) se dividir do Ayè (Terra) na origem do mundo da mitologia Iorubá.

De forma simples e objetiva, podemos dizer que os Orixás são as forças de Deus, representadas nas diferentes energias da natureza; já as Entidades, os Guias de Luz da Umbanda, são seus mensageiros, seus representantes na Terra, o elo mais explícito entre esta força dos Orixás e os encarnados.

Mas quem são estes Guias de Luz, estas Entidades? São espíritos que um dia estiveram, encarnados como nós estamos hoje, e por muitas vezes. Porém, por diversas encarnações, resgataram boa parte de suas dívidas cármicas, atingindo assim um elevado grau de aperfeiçoamento espiritual, sendo, portanto, merecedores da abençoada oportunidade de não mais terem de retornar à Terra (como encarnados) para terminar o pouco que lhes resta para findar suas missões em busca desses resgates.

Também, por isso, são espíritos muito superiores, independentemente da vibração em que atuam ou se enquadram para terminarem melhor de cumprir estas missões.

São seres superiores a nós, que ainda precisamos reencarnar, pois estamos longe de atingir tamanho grau de elevação espiritual, que é inversamente proporcional à quantidade de dívidas cármicas ainda por resgatar.

Mas essas Entidades ainda estão cumprindo missões na Terra, e é aí que entra o processo mediúnico e o trabalho da Umbanda.

É comum darmos o nome da Gira para a Entidade que trabalha nela, por motivos óbvios, pois chamamos de Caboclo este espírito evoluído que trabalha na Gira de Caboclos, chamamos de Exu este espírito evoluído que trabalha na Gira de Exu, e assim por diante.

Vamos agora conhecer um pouco mais sobre cada uma das Giras e suas Entidades, para assim compreendermos melhor suas origens e, acima de tudo, compreendermos melhor a nossa querida Umbanda, pois, como já dissemos, este é o grande diferencial da nossa religião.

VOVÓ MARIA CONGA, INCORPORADA EM MÃE SILMARA DURANTE OS FESTEJOS DE OBALUAÊ NO BARRACÃO.

# Os Pretos Velhos

Além da gira de Caboclos, a Gira de Pretos Velhos é sem dúvida o maior símbolo da Umbanda. Os Pretos Velhos e Pretas Velhas são a manifestação da humildade, experiência e paciência, ingredientes indispensáveis para se atingir tamanho grau de evolução.

Também é conhecida como a linha de Iorimá, que na verdade é o nome de uma das sete linhas de Umbanda na qual atuam estes espíritos que se manifestam na Gira de Pretos Velhos.

Trata-se de espíritos que em alguma de suas muitas encarnações viveram como escravos e viveram muito, até a velhice. Foram antigos escravos africanos, ou descendentes destes africanos, também escravizados em nosso País.

É claro que em outras de suas encarnações nem sempre foram escravos, mas escolheram esta vibração para atuar na linha de Umbanda. Os motivos? Vários, entre eles o fato de esta ter sido a vida em que mais resgates cármicos conseguiram e em que adquiriram maior conhecimento e humildade. Além, é claro, do que já mencionamos anteriormente, pois Eles sabem que esta seria a melhor maneira de continuar ajudando as pessoas na Umbanda e assim terminar suas missões no plano espiritual.

Trata-se de verdadeiros mestres das mirongas, são exímios sacerdotes da magia, transitam com facilidade pelos diversos caminhos da espiritualidade e são muito respeitados pelos espíritos.

Além disso, é unânime que seus maiores atributos são a paciência e a experiência, e são verdadeiros doutores do aconselhamento nas diversas áreas da vida e da pós-vida.

**CARACTERÍSTICAS QUANDO INCORPORADOS** ➜ Senhores e senhoras de idade avançada, geralmente com o corpo arcado e apoiado em bengalas, fala mansa e com muito sotaque característico desta linha, além das palavras peculiares.

**UTILIZAM** ➜ Ervas, rosários, chapéus de palha, pembas, marafo, café, pito, cachimbo, entre outros.

**VELA** ➜ Cor branca em cima e cor preta embaixo.

**PALAVREADO PECULIAR, EXEMPLOS** ➜ Bango (dinheiro); Pito (cachimbo); Cachola (cabeça); Aparelho (médium); Zuncê (vós, você).

**SAUDAÇÃO** ➜ Adorei as Almas, Adorei os Pretos Velhos/Pretas Velhas.

CABOCLAS DE OXÓSSI (MÃES PEQUENAS KELLY E ARIANE) EM TRABALHO DE MATA, UM DOS RITOS MAIS TRADICIONAIS DA UMBANDA.

# Os Caboclos de Oxóssi

A Gira de Caboclos, assim como a Gira de Pretos Velhos, é extremamente popular na Umbanda, é a manifestação dos grandes Pajés, conhecedores dos segredos das ervas para a cura de doenças por meio dos poderes que nelas existem, poderes extremamente utilizados em suas mirongas. São os médicos da alma.

Trata-se de espíritos que em alguma de suas muitas encarnações foram índios que viveram e caçaram em nossas quase extintas florestas, são os caçadores daquela época, responsáveis pela fartura de alimentos das suas tribos.

Dentro das sete linhas da Umbanda, aparecem na linha de Oxóssi.

A manifestação dos espíritos de nossos índios na gira de Oxóssi se dá por motivos óbvios, – na África, Oxóssi é o deus da caça, responsável pelo sustento de sua comunidade; no Brasil, o índio é a figura que mais se aproxima dessa função em seu comportamento cotidiano. Portanto, identifica-se com facilidade e se torna também um admirador do grande Orixá.

Os verdadeiros donos de nossa terra possuem também muita experiência adquirida pelo sofrimento, pois tiveram os seus direitos violados e foram saqueados os seus verdadeiros ideais e crenças.

Coibidos em vida de cultuarem suas forças mágicas e de realizarem sua pajelança, encontram hoje na Umbanda espaço para isso, com todo o respeito que merecem pelo vasto conhecimento e poder que detêm.

**CARACTERÍSTICAS QUANDO INCORPORADOS** → Jovens ou mais velhos, são geralmente muito ágeis e dançam em círculo, um no rastro do outro, como faziam em suas tribos, bradam fortes gritos de guerra para espantar todo o mal e são bons conversadores, apesar do sotaque característico.

**UTILIZAM** → Penachos na cabeça, ervas, maracás (espécie de chocalho), arcos e flechas, fumo, cerveja branca, cuias, entre outros.

**VELA** → Cor verde.

**PALAVREADO PECULIAR, EXEMPLOS** → Pataco (dinheiro); Caraíba (homem branco); Cachola/Camutuê (cabeça); Cavalinho (médium); Tupã (Deus); Luas (idade, tempo).

**SAUDAÇÃO** → Okê Caboclo / Okearô Oxóssi.

## Os Caboclos de Xangô

Tudo que foi dito sobre os Caboclos de Oxóssi se emprega aos Caboclos de Xangô, já que geralmente se trata de espíritos de índios. Neste caso, podem ser tanto de tribos brasileiras como africanas, porém estes possuem um comportamento mais rústico, muitas vezes nem falam a nossa língua e quando falam não são tão fluentes e de fácil compreensão como os Caboclos de Oxóssi.

Os Caboclos da montanha, como são costumeiramente chamados, aparecem na linha de Xangô dentro das Sete Linhas de Umbanda, pois, como o grande Orixá, gostam de trabalhar para desentravar problemas relativos à justiça, além de possuírem total habilidade com as mirongas voltadas para firmezas, ligação dos médiuns com o sagrado e ajustes familiares.

Firmes como a rocha de Pai Xangô, estas queridas Entidades são verdadeiros Paizões para seus médiuns, com pouca conversa e muita magia, desenvolvem trabalhos essenciais para o terreiro e para a sustentação dos seus médiuns dentro e fora dele, são os verdadeiros pilares do sagrado e da família umbandista.

**CARACTERÍSTICAS QUANDO INCORPORADOS** → Aparência pesada e forte, com os punhos cerrados e de movimentos mais lentos, porém com o corpo sempre ereto, peito estufado e cabeça erguida como um verdadeiro rei, falam pouco e quando o fazem são de difícil compreensão na maior parte das vezes, dançam com seus Oxés (machado de duas lâminas que representa a justiça) e se utilizam muito de preparos com água e/ou cerveja preta para realizar seus atendimentos espirituais.

**UTILIZAM** → Penachos ou adornos mais africanizados na cabeça, ervas, misturas meladas, Oxé, fumo, cerveja preta, cuias, pedras, entre outros.

**VELA** → Marrom.

**PALAVREADO PECULIAR, EXEMPLOS** → Seu verdadeiro palavreado é de difícil compreensão, os que falam com mais fluência geralmente se utilizam das mesmas palavras que os Caboclos de Oxossi.

**SAUDAÇÃO** → Cauô Cabiensilê.

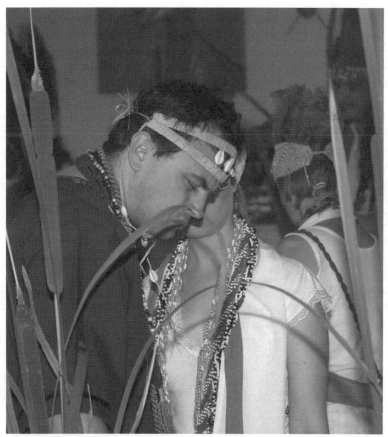
PAI JEFFERSON INCORPORADO COM O SR. CACHOEIRA DE FOGO.

# Os Mensageiros de Ogum

Preferimos o termo *Mensageiro*, pois nem sempre se trata de Caboclos os espíritos que se manifestam na Gira de Ogum. Fica clara a aparência de um Caboclo, de um Índio, em alguns deles, e em outros nem tanto, quando vestem capas vermelhas e capacetes que lembram muito mais um soldado do que um indígena.

Trata-se de grandes soldados, grandes trabalhadores no que se refere ao comando e à ação/execução, numa comparação simbólica, se os Caboclos de Xangô determinam o que é justo, os Mensageiros de Ogum executam esta justiça em suas mirongas com força de comando e tem livre acesso aos diversos caminhos da espiritualidade.

Dentro das Sete Linhas de Umbanda, aparecem na linha de Ogum, pois como o Orixá são desbravadores e gostam de trabalhar com a abertura de caminhos, provocando mudanças benéficas na vida das pessoas que a Eles recorrem com esta necessidade.

Quem procura um novo emprego, quem procura um melhor relacionamento com alguém ou um novo amor, quem procura mudar qualquer coisa que não esteja satisfatória recorre aos Mensageiros de Ogum, que, com suas espadas em punho, trabalharão para esta finalidade desde que haja o devido merecimento de quem os solicitou, já que são os soldados da Lei Divina.

**CARACTERÍSTICAS QUANDO INCORPORADOS** → Incorporam com muita energia, dançam bastante e rodopiam com suas capas ao vento, empunhando espadas. Falam muito bem, a exemplo dos Caboclos de Oxóssi, e são muito sinceros e sem rodeios com as suas orientações e aconselhamentos, possuem um ar de nobreza e o semblante fechado.

**UTILIZAM** → Penachos ou Capacetes, espadas, ervas (principalmente a espada de São Jorge), capas, arcos e flechas (quando índios), fumo, cerveja branca, taça de metal, elementos de ferro, entre outros.

**VELA** → Cor vermelha.

**PALAVREADO PECULIAR, EXEMPLOS** → Contemporâneo ou muito parecido com Caboclos d'Oxóssi, mas sempre existe um certo trejeito peculiar, a seriedade e o comando.

**SAUDAÇÃO** → Ogum Iê.

SENHOR SETE ESTRADAS, MENSAGEIRO DE OGUM COM PAI ALEXANDRE, RISCANDO SEU PONTO NO BARRACÃO.

## Os Baianos

Uma das Giras mais queridas da Umbanda, pois são um verdadeiro exemplo de como se pode ser muito feliz e bem-humorado apesar de todas as adversidades que a vida pode trazer. Estes são os Espíritos que incorporam nas giras chamadas de Baianos.

A alegria e o bom humor são as características mais marcantes destas Entidades. Estes em alguma de suas muitas encarnações, foram sofridos sertanejos, pais de famílias numerosas, cangaceiros, geralmente provenientes da região Norte e Nordeste do País, mas de uma época em que existiam muitas dificuldades e privações, o que em alguns casos poderiam levá-los a uma vida desregrada, cheia de migrações e estradas, mas também cheia de fé e esperança, que quase sempre os trazia de volta às suas origens. O Sertanejo não perde a sua dignidade mesmo que tenha perdido todo o resto.

Na Umbanda, estes Espíritos se manifestam para dar seu exemplo, contar suas aventuras e desventuras, aconselhar e ajudar. Suas mirongas são poderosas contra as demandas, e sua alegria contagiante nos faz sair do Terreiro com as baterias renovadas, prontos para enfrentar qualquer obstáculo.

Dentro das Sete Linhas de Umbanda, podemos associá-los mais facilmente à linha de Oxum, pois a maioria deles rende grande devoção ao Orixá, talvez pelo sincretismo com Nossa Senhora. Outro santo alvo de grande apego destas Entidades é Nosso Senhor do Bonfim, principalmente quando se trata de um Espírito que realmente viveu no estado da Bahia, já que isso não é uma regra nas manifestações da Gira de Baianos, ao contrário do que muitos pensam.

O termo *Baianos* só foi atribuído a esta Gira pela enorme presença de Entidades que realmente viveram na Bahia, este é o único motivo disso, e este nome é dado com muito orgulho, já que a Bahia é o maior reduto de culto a Orixá que existe no País, e estes *Baianos,* portanto, conhecem como ninguém a melhor forma de cultuá-los.

**CARACTERÍSTICAS QUANDO INCORPORADOS** → Muito alegres, sorridentes, divertidos, realizam danças tradicionais de suas regiões de origem, quase sempre empunhando uma faca com bainha de couro, dançam muito. Mãos na cintura alta, palheiro na boca e chapéu de couro, falam com o tradicional sotaque *arrastado* e são ótimos comunicadores.

**UTILIZAM** → Facas e ponteiras com bainha de couro, chapéus de couro, lenço no pescoço dos homens ou na cintura das mulheres, cuias de coco, água de coco, bebidas à base de coco, água de cheiro, perfume de laranjeira.

**VELA** → Cor laranja.

**PALAVREADO PECULIAR, EXEMPLOS** → Todas as palavras comuns à vasta terminologia popular nordestina.

BAIANA TRABALHANDO COM A MÃE PEQUENA JACY CAMPOS NO ANUAL TRABALHO DE PRAIA GRANDE-SP.

## As Crianças (Erês)

Apesar de toda a diversidade existente na Umbanda, a Gira de Erês é sem dúvida uma unanimidade, nenhum terreiro abre mão da festa das criancinhas que traz bastante alegria e doçura aos trabalhos umbandistas.

Como já mencionamos, os Espíritos de Luz escolhem a vibração que melhor se adequa às suas necessidades e que mais eficazes tornarão seus trabalhos de comunicação com os seres ainda encarnados. Além disso, geralmente se manifestam na forma em que viveram em uma de suas tantas encarnações.

Esta explicação az-se necessária novamente para entendermos um pouco sobre a existência de espíritos de crianças, *um pouco*, pois todas as giras possuem seus mistérios, e a Gira de Erês é a que mais os têm.

O que não se pode deixar de lado, ao estudar a Gira das Crianças, é o fato de que todas as Entidades que incorporam na Umbanda não necessitam mais reencarnar para terminarem de cumprir suas missões – não foi isso que vimos até agora neste estudo? É diferente com os Erês? Não.

Tudo se encaixa à medida que estudamos e procuramos aceitar tudo que nos é permitido saber, até o limite desta permissão Divina.

Os Erês, ou a Linha Iori, são a manifestação mais espontânea e singela que existe, são realmente criancinhas, que, com sua sinceridade, nos revelam muitos caminhos e muitas verdades sobre nós mesmos em seus atendimentos, ao mesmo tempo em que nos confundem quando indagados sobre os mistérios do plano espiritual, ora dizendo que ainda vão voltar, ora dizendo que querem ser o Ogum, ou o Caboclo quando crescerem, entre tantas outras brincadeiras que fazem no intuito de nos mostrar que o mais importante é *conhecermos a nós mesmos* antes de tentar conhecer o que ainda não é da nossa alçada.

São sábios. Apesar da aparência infantil, carregam a enorme experiência de tantas vidas, e nos ensinam, com graça e bom humor, o quanto ainda estamos engatinhando nas questões espirituais.

**CARACTERÍSTICAS QUANDO INCORPORADOS** → Possuem aparência de criancinhas, ainda engatinham, chupam chupeta, bebem na mamadeira e brincam muito com seus brinquedos, fazem a maior bagunça organizada, são excelentes atendentes, mas se percebem que o seu atendido está menosprezando suas orientações, simplesmente o deixam de lado e voltam a brincar com seus carrinhos e bonecas.
**UTILIZAM** → Brinquedos, chupetas, balas, doces, bonés, açúcar, talco, entre outros.
**VELA** → Cor azul-claro ou cor-de-rosa.
**PALAVREADO PECULIAR, EXEMPLOS** → Contemporâneo, mas similar ao de uma criancinha, contendo erros de pronúncia comuns aos mais novinhos.
**SAUDAÇÃO** → As minhas Crianças / Eremi.

# A Linha d'Água

No Barracão de Pai José de Aruanda, a Linha d'Água se manifesta através das mensageiras das quatro Orixás femininas (Iemanjá, Iansã, Oxum e Nanã) e não prestam os tradicionais atendimentos com consultas e conselhos, como acontece na maioria das Giras. Por isso mesmo, elas sempre aparecem no início ou no final de uma determinada Gira, para com seu Axé abençoar e *lavar* o ambiente e as nossas almas.

São as Mães, as Iabás, as Mensageiras das Orixás das Águas e, por isso, levam este nome em sua Gira.

O enorme poder que estes Espíritos iluminados detêm e trazem ao Barracão quando se manifestam fica explícito no semblante de cada médium após a sua passagem, uma sensação de leveza, de emoção máxima e de renovação.

As Mensageiras de Mãe Iemanjá geralmente se abaixam e movimentam suas mãos como se simulassem o ir e vir das ondas do mar, podem entoar cânticos numa linguagem para nós desconhecida, giram e caminham por todo o Congá. As Mensageiras de Iansã levam seus braços para o alto e balançam com energia, como se determinassem que ali devesse acontecer sua ventania de limpeza, numa passagem frenética como o raio de sua Orixá. As Mensageiras de Oxum são doces e calmas como as águas de um rio e dançam graciosamente a ponto de seduzir e embalar qualquer espectador. As Mensageiras de Nanã abaixam-se e dançam lentamente, com movimentos que parecem embalar em seus braços o Ibiri da experiente Orixá.

**CARACTERÍSTICAS QUANDO INCORPORADOS** → Cada uma das Mensageiras apresenta características diferentes, conforme foi citado mais detalhadamente no texto anterior.

**UTILIZAM** → Água de cheiro (alfazema).

**VELA** → Segue a cor de cada Orixá correspondente.

**PALAVREADO PECULIAR, EXEMPLOS** → Não conversam, algumas apenas emitem sons melódicos e extremamente discretos.

**SAUDAÇÃO** → Odô Iá (Mensageiras de Iemanjá); Eparrêi Oiá (de Iansã); Ora Leleô (de Oxum); Salupa Nanã (de Nanã).

MENSAGEIRAS DE IANSÃ EM TRABALHO DE MATA DO BARRACÃO.

# Os Boiadeiros

*"Boiadeiro muito tempo, laço firme e braço forte*

*Muito gado, muita gente, pela vida segurei*

*Seguia como num sonho, e Boiadeiro era um rei..."*

Este trecho da canção de Geraldo Vandré é o retrato poético destes mestres das longas estradas de chão batido, que tocaram a boiada, a vida e as pessoas e, hoje, manifestados nos terreiros, continuam a tocar, agora a vida de seus filhos, com laço firme e braço forte, experiência e muita força nas mirongas que só Eles conhecem.

Nesta Gira, manifestam-se Espíritos das mais diversas regiões, são viajantes e peritos no que chamam de *lida com a boiada*, maneira figurada de dizer que conhecem bem como lidar com a vida, apesar de nem sempre parecerem muito hábeis com as pessoas.

Possuem a experiência de quem lidou muito mais com a natureza, com os animais, e portanto não fazem muito rodeio e não toleram com facilidade a nossa mania de achar que tudo é tão difícil, ensinando assim que Deus dá a cruz na medida do que cada um de nós pode carregar.

Os Boiadeiros são rústicos, têm boa conversa, porém objetiva, e o sossego de quem aprendeu a ter paciência, combinado com a força de quem não espera acontecer e tampouco gosta que seus filhos o façam.

Não é à toa que estamos brincando aqui com letras de canções consagradas, pois outra característica destas Entidades é o gosto por boa música, melodias antigas, e parece mesmo que tudo o que for dito aqui sobre os nossos queridos Boiadeiros já foi dito nos versos dos melhores poetas.

**CARACTERÍSTICAS QUANDO INCORPORADOS** → São conversadores e estão sempre levantando uma das mãos para o alto, com o indicador apontando o céu e girando em círculo, como se estivessem manejando o seu laço. *Ê Boi* é o que falam quando fazem este gesto.

**UTILIZAM** → Laço, chapéu de palha ou couro, cigarro de palha, bebidas, berrantes, materiais de uso no trabalho de vaqueiro, entre outros.

**VELA** → Cor azul-escuro ou branca.

**PALAVREADO PECULIAR, EXEMPLOS** → Utilizam um linguajar comum aos vaqueiros, meio *acaipirado*, podendo variar dependendo da região de origem da Entidade.

**SAUDAÇÃO** → Getuê, Getu, marrumba getu.

BOIADEIRO TRABALHANDO COM PAI BRUNO BRESCANCINI, DA TENDA COSME E DAMIÃO, EM VISITA AO BARRACÃO NA MATA.

# Os Marinheiros

Os mensageiros do Mar, de Mãe Iemanjá. Estes são os Espíritos dos Marinheiros que se manifestam na Gira homônima.

Teriam sido, em geral, marinheiros de profissão, ou então muito ligados ao mar como os pescadores, os caiçaras, por exemplo.

Seu maior objetivo é trazer o Axé da Rainha do mar, trazer sua mensagem de paz e também realizar suas mirongas voltadas especialmente para a limpeza, para levar consigo qualquer mal e sepultá-lo na Calunga Grande.

Estas Entidades podem vir de qualquer região do País que seja banhada pelo mar, daí a grande mistura de sotaques e diferentes maneiras de se portar. Unânime é o fato de que todos Eles conhecem muito bem os segredos da maré, que da mesma forma que leva, também traz. Ensinam-nos através da sua vasta experiência, experiência de quem viveu muito longe de casa, sentiu saudades, solidão, e apesar disso são muito alegres e brincalhões, além de galanteadores.

Marinheiro gosta muito de bebidas fortes, mas sabe que não deve abusar quando incorporado em seu médium, este é que deve ficar atento para não fazê-lo por sua própria conta.

**CARACTERÍSTICAS QUANDO INCORPORADOS** ➔ Ele vem no balanço do mar, balançam para cá e para lá, como se ainda estivessem sobre o seu barco no meio do oceano, as pessoas que presenciam sua manifestação acreditam que Eles estão sob efeito de álcool, mas não é esse o verdadeiro simbolismo de seus gestos. Saúdam Mãe Iemanjá, quando se trata de pescadores costumam chamá-la de Mãe Janaína, quase sempre carregam uma garrafa debaixo de um dos braços.

**UTILIZAM** ➔ Chapéu de marinheiro, garrafas, cordas, trajes de marinheiro, cigarros, bebidas, entre outros.

**VELA** ➔ Cor branca em cima, azul embaixo, ou toda branca, ou ainda toda azul (azul-claro).

**PALAVREADO PECULIAR, EXEMPLOS** ➔ A exemplo dos Boiadeiros, depende muito da região de cada um, mas sempre falam das coisas do mar.

**SAUDAÇÃO** ➔ Salve o povo do Mar, Saravá a Marujada.

# Os Ciganos

Uma das mais belas Giras de Umbanda para se assistir, por causa das bonitas roupas dos ciganos e ciganas e de suas danças envolventes.

Os Espíritos desta Gira são daqueles que, em uma de suas encarnações, viveram como ciganos, e é muito comum aparecerem Espíritos de outras nacionalidades nestas manifestações.

Também chamada de Linha do Oriente, a Gira de Ciganos é cheia de esoterismo, assim como a vida do próprio cigano também foi. Os ciganos trazem toda esta magia para os terreiros de Umbanda através de suas cartas, tarô, dados e outras formas de oráculo, além da tradicional leitura de mãos, comum entre as ciganas.

O povo cigano é muito rico em tradição, cultura própria e mistérios, exige um profundo estudo de suas raízes e para termos ideia de sua força e poder.

Na Umbanda, contudo, eles vêm para deixar o seu Axé e ensinamentos, e para isso basta sabermos como recepcioná-los da melhor maneira.

Gostam de sua música, a música cigana, e também apreciam uma boa mesa e bons vinhos, além de suas próprias receitas.

**CARACTERÍSTICAS QUANDO INCORPORADOS** → Dançam muito, vestindo roupas típicas e muito coloridas, batem palmas e dançam uns com os outros em rodopios, gostam de ficar juntos, sentando em círculo como se estivessem num acampamento ao redor de sua fogueira.

**UTILIZAM** → Punhais, cartas, bebidas finas, castiçais, lenços, pulseiras, brincos, colares, entre outros.

**VELA** → Cor amarela.

**PALAVREADO PECULIAR, EXEMPLOS** → A exemplo dos Boiadeiros e Marinheiros, também depende muito da região de cada um, neste caso é muito comum o sotaque espanhol ou de alguma outra língua estrangeira.

**SAUDAÇÃO** → Saravá o Povo do Oriente, Saravá os Ciganos. Ori Babá.

CIGANA CUMPRIMENTANDO A PORTEIRA DO BARRACÃO.

## Exus e Pombagiras

Ao contrário do que muita gente pensa, falar da manifestação dos Guias na Gira de Exu é muito simples, basta que se entenda que estas manifestações não fogem em nada a regra das demais já citadas.

Os Exus e Pombagiras, nossos queridos compadres e comadres como são carinhosamente chamados, são espíritos que se enquadram perfeitamente a tudo que foi explicado, pois também são espíritos de nossos antepassados que hoje se encontram em grau de evolução muito maior do que o nosso (por isso não necessitam mais reencarnar como nós), mas ainda assim estão terminando de cumprir suas missões aqui na Terra através dos processos de incorporação mediúnica, ou seja, assim como os Caboclos, os Pretos Velhos etc. ainda estão resgatando dívidas cármicas pela caridade na Umbanda, independentemente de qualquer escala hierárquica imaginária que poderia diferenciá-los.

Digo *imaginária*, pois ninguém encarnado teria o direito de julgar esta ou aquela entidade como superior ou não em relação a uma outra, não é de nossa alçada, somos meros instrumentos destas divinas entidades, tão superiores a qualquer um encarnado aqui na Terra.

Toda esta explicação se faz necessária antes de iniciarmos o estudo das particularidades desta Gira e de suas áreas de atuação, já que por diversos motivos muitos associam os Exus e as Pombagiras com o mal, até mesmo com a figura do Diabo das igrejas católicas e evangélicas.

### Por que se dá esta associação equivocada?

Tudo começa quando se confundir a Entidade Exu com o Orixá Exu dos cultos de naçãoDevemos lembrar que este último também não tem nada a ver com o Diabo, mas ajuda a explicar o equívoco a história do Orixá.

No livro *Orixás, Deuses Iorubás na África e no Novo Mundo*, de Pierre Fatumbi Verger, encontramos a seguinte passagem que diz:

*"Exu é um orixá ou um eborá de múltiplos e contraditórios aspectos, o que torna difícil defini-lo de maneira coerente. De caráter irascível, ele gosta de suscitar dissensões e disputas, de provocar acidentes e calamidades públicas e privadas. É astucioso, grosseiro, vaidoso, indecente, a tal ponto que os primeiros missionários, assustados com essas características, comparam-no ao Diabo, dele fazendo o símbolo de tudo o que é maldade, perversidade, abjeção, ódio, em oposição à bondade, à pureza, à elevação e ao amor de Deus".*

UMBANDA DE BARRACÃO

Mas esta explicação é atribuída ao Orixá Exu, e ainda assim é bom frisar que o Orixá não é nada disso, esta é a impressão que os missionários tiveram à época. De qualquer forma, tudo isso está completamente distante dos espíritos que trabalham na Gira de Exu na Umbanda, que nem sequer se trata do próprio Orixá, assim como o Caboclo não é o próprio Oxóssi, e sim seu mensageiro.

POMBAGIRA DONA MADALENA, COM MÃE SILMARA FALASCO, TRABALHO DE COMPADRES NO BARRACÃO DE PAI JOSÉ DE ARUANDA.

Outro motivo que pode ter contribuído para esta errada comparação é o fato de que muitos terreiros de Umbanda sempre trabalharam com esta Gira a portas fechadas para os visitantes e assistidos, ao contrário do que acontecia com as demais Giras.

Isso se dava (e se dá ainda hoje em muitas casas) para que, ao menos em uma determinada Gira, a de Exu, os médiuns pudessem ter a atenção e o aconselhamento das Entidades, já que em todas as outras Giras os trabalhos socorristas minavam o tempo e praticamente nunca se conseguia esclarecer nossas próprias dúvidas com os Guias.

Mas a Gira fechada trazia a falsa impressão de que o Sacerdote não queria mostrar este trabalho em público por se tratar de um trabalho duvidoso em seu aspecto caritativo/benéfico. Grande erro.

Graças a Deus todos estes tabus estão caindo por terra e não é de hoje que isso acontece, revelando para toda a comunidade a grande importância desses guardiões para o ritual umbandista e seu magnífico papel, tão bem desempenhado, no sentido de proteção e caridade.

Pelos mesmos motivos que acabamos de listar, também há quem diga que os Exus não são Guias de Luz, mas muitas vezes essas mesmas pessoas sugerem a presença de uma aura com certa iluminação em cada um de nós, meros encarnados. Como pode então o Exu não ter luz jse ele se encontra em um estágio muito mais avançado do que o nosso no processo de evolução espiritual, a ponto de não mais precisar reencarnar para terminar de resgatar suas dívidas cármicas?

O problema é que muitas vezes se confundem nossos queridos Exus com outras classes de espíritos que ainda terão de reencarnar, e outras que nem começaram esse processo de evolução e já estão perdidas, como vimos nas classificações dos espíritos no módulo *Kardecismo e Umbanda* deste nosso estudo.

Isso é o sinal da falta de conhecimento e a terrível mania de se chamar a tudo que desconhecemos de Exu.

Os Exus da Umbanda são, pelo contrário, os principais combatentes desses espíritos mal-intencionados, por conhecerem muito bem os caminhos trilhados por eles, além de circular livremente e com autoridade por esses caminhos de vibrações negativas.

Mas, quando se manifestam no terreiro, os Exus e as Pombagiras não aparentam ser tão superiores a nós encarnados, pois seu comportamento e linguajar são muito parecidos com os nossos. Claro, porque são Eles os espíritos que mais nos acompanham em nosso cotidiano como já foi dito, são os que mais se aproximam de nossos costumes. Os Exus e Pombagiras não foram índios ou escravos africanos em suas encarnações, e sim advogados, policiais, padres, juízes, comerciantes, empresários, políticos etc. Nobres ou plebeus, sempre foram iguais a nós. Foram, não são mais, não reencarnam mais. Porém, isso lhes atribui trejeitos muito mais contemporâneos e muito mais parecidos com os nossos e por isso mesmo têm mais facilidade em desempenhar esse papel de guardião pessoal, pois conhecem bem as nossas tendências e os riscos do dia a dia contemporâneo.

Além da função de guardião pessoal que o Exu e a Pombagira desempenham nas nossas vidas, é atribuído também a essas Entidades o papel de guardiões dos terreiros de Umbanda, como verdadeiros agentes da ordem e da segurança dos trabalhos.

Toda Gira, seja de Caboclo ou de Erê, tem a presença espiritual do Exu como o guardião das entradas do templo. Enquanto o Caboclo realiza a cura dentro do Congá, desempenhando a função de um verdadeiro médico do plano espiritual, o Exu e a Pombagira garantem a paz dentro deste recinto sagrado, como verdadeiros policiais que propiciam um ambiente tranquilo para que este Caboclo realize sua função.

**CARACTERÍSTICAS QUANDO INCORPORADOS** → Alguns elegantes e refinados, outros mais simples e mais à vontade, outros ainda as duas coisas ao mesmo tempo. Contemporâneos, de palavreado muito parecido com o nosso, informal e muito regado a gargalhadas altas e descontraídas.

**UTILIZAM** → Punhais, tridentes de metal, capas, tábuas, charutos, cigarros, bebidas diversas.

**VELA** → Cor vermelha em cima e cor preta embaixo.

**PALAVREADO PECULIAR, EXEMPLOS** → Calunga (cemitério); Calunga Grande (mar); Salve suas bandas (cumprimento), entre outros. No mais, como já mencionamos, é extremamente parecido com o nosso, contemporâneo.

**SAUDAÇÃO** → Laroiê Exu, Mojubá.

**Para refletir...**

*Para encerrar este importante módulo do nosso estudo, as "Giras de Umbanda", que tratou do aspecto mais particular da nossa religião, gostaria de acrescentar este pequeno texto para reflexão:*

## Atenção para a classificação hierárquica das Giras de Umbanda

Agora, discriminaremos quem é maior e quem é menor na Divina escala evolutiva das Giras de Umbanda.

Quem sou eu, minha gente.

Quem sou eu, um mero reencarnado, mesmo na posição de sacerdote, que apenas me confere ainda mais responsabilidades e resgates cármicos, um ser ainda a léguas de distância da menor dessas escalas, seja ela qual for. Quem sou eu para responder isso?

Quem somos nós meros encarnados para apontar o dedão para uma Entidade que nem sequer precisa mais estar na nossa inferior posição, e dizer que ela é mais baixa ou mais alta, maior ou menor, com mais luz ou menos luz, do que qualquer outra?

Está mais do que na hora de aceitarmos nossa condição de meros instrumentos destas mesmas entidades e nos recolhermos ao nosso modesto papel de trabalhadores do plano espiritual e não seus chefes.

É exatamente por esta mania de querer julgar, de querer apontar, de querer mostrar que somos os donos da verdade incondicional e que o outro está errado por pensar diferente, que crianças estão morrendo nas portas das escolas com estilhaços de um carro-bomba espalhados pelo seu corpo. Chega!

O cúmulo da arrogância é ouvir um médium umbandista dizer que está *doutrinando* o Guia. Ora, na melhor das hipóteses, são Eles quem nos doutrinam. Esta palavra se aplica ao trabalho kardecista, no qual os médiuns doutrinam espíritos perdidos, sem evolução, que ainda muito irão reencarnar e não os Guias de Luz da nossa Umbanda, pelo amor de Deus.

Foi exatamente por um erro deste tipo que o Sr. Caboclo das Sete Encruzilhadas precisou fazer o que fez há 100 anos, pois erradamente se confundia Espíritos de Luz com espíritos atrasados, porém isso acontecia em outra religião, que entendia ser atrasado o espírito de um negro escravo ou de um índio. A Umbanda surgiu para justamente mostrar que não era bem assim, mas apesar disso ainda se ouve essa barbaridade, *"precisamos doutrinar o seu Caboclo"*.

Confusão? Falta de conhecimento? Tudo bem, podemos considerar estas desculpas desde que em algum momento isso mude no modo de pensar deste médium, mas o que não se pode tolerar é a arrogância, a mania de se julgar superior às entidades a ponto de querer discutir seu grau de evolução, a ponto de achar que você, seja quem for, é superior ao espírito daquele Caboclo que pela primeira vez está incorporando em um iniciante cambono de Umbanda. Chega!

Um verdadeiro sacerdote ajoelha-se diante de qualquer Entidade de Luz manifestada, seja em quem for, seja num outro sacerdote ou num iniciante, a superioridade daquela Entidade não muda por causa disso e a sua continua inferior à dela ou não estaria mais aqui.

Um Pai de Santo, um médium preparado, que mesmo incorporado sai atropelando outras entidades dentro do terreiro, está totalmente mergulhado neste equívoco, comecemos a praticar este exemplo de humildade dentro de nossa Umbanda e talvez chegaremos aos pés dessas entidades um dia.

Além disso, começar a cultivar humildade dentro de nossa própria casa, dentro de nossa própria religião, nos ajudará a transportar este nobre comportamento para o lado de fora dos portões dos nossos terreiros, objetivo da mensagem umbandista.

Quer a minha única certeza dessa escala de evolução? Pois bem.

Um Exu é 10 mil vezes mais evoluído do que qualquer encarnado, do que qualquer médium, do que qualquer sacerdote ainda preso a este mundo material, ou seja, nós, encarnados.

CANJIRA DO BARRACÃO DE PAI JOSÉ, QUE FICA NA PRAÇA EXU CAPELA, SENDO SAUDADO PELOS COMPADRES.

POMBAGIRA MARIA ROSA, COM A IÁ MARIA DO BARRACÃO.

IAKEKERÊ ARIANE COM O ADEJÁ EM PUNHO.

O BARRACÃO EM DIA DE FESTA PARA XANGÔ.

BAIANO.

CURIMBA DO BARRACÃO.

CABOCLO (MÃE MARIA) CUMPRIMENTANDO A PORTEIRA DO TERREIRO.

CABOCLA JUPIARA (MÃE SILMARA) SAUDANDO A OFERENDA.

CABOCLO GUINÉ (PAI ALEXANDRE) MIRONGANDO. FESTA DE OXÓSSI NO BARRACÃO DE PAI JOSÉ.

CABOCLO TREME TERRA (PAI JEFFERSON) EM OCASIÃO DA MESMA FESTA.

# HIERARQUIA SACERDOTAL

## Todo médium já exerce parte de um sacerdócio

Para entendermos bem o assunto abordado aqui, comecemos com uma simples comparação: vamos atentar para as diferenças entre um religioso de Umbanda, que é um médium, para um religioso da igreja católica, por exemplo (usaremos o seguidor da religião católica por ser esta uma das mais conhecidas no Brasil).

O que faz um católico quando vai ao seu rito semanal, à missa? Assiste à cerimônia ser realizada pelo seu sacerdote, o padre. Canta, reza, ouve as palavras do sacerdote, entre outras coisas, mas tudo sem sair da sua posição de espectador, quase nunca subindo ao altar onde só ficam os sacerdotes celebrantes do rito, da missa.

O que faz um médium mesmo que seja um iniciante na corrente mediúnica?

Já começa o rito, a sua *missa*, dentro do altar, dentro do Congá, participa ativamente de todos os processos magísticos do rito. Sim, existe também um sacerdote no comando, mas o médium não se limita a ficar do lado de fora do Congá apenas assistindo à celebração, e sim toma parte dela, incorpora seus Guias e principalmente *atende* às pessoas que vieram visitá-lo em busca de ajuda.

Para justificar a afirmação de que todo médium já exerce parte de um sacerdócio, este último item mencionado é a grande chave.

Ainda comparando com o sistema católico, algum seguidor da igreja por acaso ouve os pecados das pessoas junto com o padre no processo de confissão?

Não, pois só o sacerdote desta religião tem a responsabilidade de ministro de confissão religiosa, que o obriga a guardar para si o que ouviu e não revelar jamais.

Já na Umbanda, quando um consulente fala de seus problemas, angústias e sofrimentos, não é somente ao sacerdote que ele o faz, e sim ao médium que o está atendendo, bem como ao cambono que auxilia este atendimento (lembrando que o cambono também é um médium).

Ou seja, é exatamente este ponto, no processo de atendimento que existe na Umbanda e na forma que isto se dá, que transforma todos os médiuns de uma corrente em sacerdotes, pois todos terão a mesma responsabilidade de ministros de confissão religiosa.

Na verdade, é este aspecto, somado ao fato de que o médium umbandista participa ativamente da celebração, que o qualifica desta forma. E quando eu digo *ativamente*, quero dizer que ele *faz* a celebração junto com o sacerdote.

Claro que existem fundamentos e procedimentos que somente o sacerdote consagrado e preparado tem condição de realizar, e por isso a afirmação é de que todo médium já exerce *parte* de um sacerdócio e todos estão aptos a galgar outros degraus dentro dessa hierarquia sacerdotal.

## Quais são os cargos, funções, direitos e deveres?

Vamos explanar aqui, de forma simples e objetiva, os cargos dentro de um templo, bem como suas funções e obrigações na religião, sem deixar de explicar os limites inerentes a cada um desses estágios hierárquicos na Umbanda.

Mostraremos os primeiros passos de um médium e assim poderemos, de forma prática, apresentar algumas dessas funções e limites.

Para tanto, usaremos como base a forma que estes processos ocorrerm no nosso templo, no Barracão de Pai José de Aruanda, lembrando sempre que isso pode variar de uma casa para outra.

Vamos imaginar um médium que está começando a visitar o terreiro e veremos qual o papel de cada médium da corrente neste processo iniciático, ou seja, no início do chamado *desenvolvimento*, e assim responderemos uma das primeiras perguntas no que tange às diferentes escalas hierárquicas da mediunidade, que é: "Qual a diferença entre médium em desenvolvimento e médium desenvolvido?".

Na verdade, existem três estágios no desenvolvimento da incorporação mediúnica, (que é diferente do desenvolvimento dentro da hierarquia de um templo), podendo ser descritos assim:

• O primeiro estágio é quando ainda estamos na assistência e tomamos conhecimento de nossa missão com a mediunidade. Neste caso, os Guias que estão nos atendendo podem nos convidar a começar um trabalho de incorporações. Esse primeiro estágio é acompanhado pela entidade que nos atende até que, em comum acordo entre entidade e médium, este último adentra o Congá (vestir branco) sob autorização do Guia Chefe.

• Passar a fazer parte da corrente de médiuns dentro do Congá significa *vestir o branco*, que seria o segundo estágio de desenvolvimento, em que o médium começa a aprimorar sua incorporação mediúnica, aprende a realmente *intermediar* as suas entidades, permitindo que essas falem, digam seus nomes, realizem suas mirongas, risquem seus primeiros pontos etc. Tudo isso sob fiscalização das entidades dos médiuns já desenvolvidos. Tão importante quanto esses passos é o médium passar a conhecer bem cada entidade que venha trabalhar com ele, de todas as linhas de Umbanda. Neste estágio, normalmente sua função é de cambono ou alguma função administrativa da casa, a função de cambono é de extrema importância e todas as suas características geralmente estão discriminadas no regimento interno das casas.

• O terceiro passo é a chamada para trabalhar como *médium passista* (chamamos assim os médiuns que realizam consultas). Esta chamada só pode ser feita pelas entidades chefes da casa, e só então o médium deixa de estar em desenvolvimento e assume a condição de médium desenvolvido. Nesse estágio, o médium passa a realizar atendimentos às pessoas da assistência, assume novas responsabilidades e se coloca então pronto a galgar outros degraus, agora num âmbito de cargos e obrigações dentro do terreiro e da religião.

## Podemos então afirmar que:

• O médium passista, incorporado de seus Guias, tem permissão automática para convidar a pessoa da assistência para começar a desenvolver, orientando a esperarem o momento no qual se chamam as pessoas da assistência para tal atividade.

• O médium passista pode e deve convidar uma pessoa da assistência para entrar na gira, trabalhar de branco, mas tem de levar o caso para aprovação do Guia Chefe e se responsabilizar por passar para o iniciante todas as obrigações que este vai assumir, além de se tornar responsável por ele, já que o habilitou para cargo de tamanha responsabilidade.

• A chamada para que um médium em desenvolvimento se torne um médium passista só é feita pelo Guia Chefe do Terreiro, ou seja, um limite já aparece aí, pois não é permitido que um médium passista, ou mesmo os Guias que com ele trabalham, determine ou não que uma pessoa se tornará também um médium passista.

• É proibido que uma pessoa da assistência, mesmo que se trate de um médium já desenvolvido em outra casa, receba seu Guia fora do horário determinado para isso, mesmo quando está sendo atendida por um Guia da casa, salvo em casos previamente autorizados pelo Guia Chefe. Isso se aplica também aos cambonos que, da mesma forma, tem o horário certo de fazê-lo.

UMBANDA DE BARRACÃO

## Já temos algumas revelações aqui sobre funções e obrigações de dois cargos dentro de um terreiro e completaremos assim:

**O médium em desenvolvimento** da corrente (que já veste o branco)

▶ Geralmente possui a função de cambono ou alguma outra função de auxiliar nos diversos departamentos da casa e precisa cumpri-la com dedicação, deve respeitar e ser respeitado pelos médiuns desenvolvidos e seus Guias.

▶ Tem o direito de receber as entidades nos horários determinados para isso.

▶ Não tem permissão para realizar desenvolvimento de outros médiuns, tampouco de realizar consultas e muito menos de chamar qualquer pessoa da assistência para conversas quando incorporado.

▶ Tem o direito de riscar pontos e utilizar materiais de uso das entidades, desde que monitorados pelas entidades dos médiuns desenvolvidos.

**O médium passista** ou médium desenvolvido

▶ Tem o direito e dever de prestar atendimento às pessoas da assistência.

▶ Tem o direito de convidar um médium a desenvolver sua mediunidade desde que dentro dos horários permitidos, não dependendo de autorização superior para isso.

▶ Tem o direito de colocar um novo médium dentro da corrente do terreiro, levando o caso para aprovação do Guia Chefe.

▶ Tem a obrigação de respeitar a hora do desenvolvimento do seu cambono;

▶ Tem a obrigação de respeitar a hora determinada pelos Guias Chefes para incorporar os Guias e a hora de desincorporar.

▶ Não tem o direito de chamar pessoas da assistência para conversas, se limitando a atender aqueles que o solicitaram por meio das fichas distribuídas.

▶ Não tem o direito em nenhuma hipótese de se dirigir a outra entidade ou médium (seja médium desenvolvido ou cambono) para fazer qualquer tipo de acusação, comentários sobre mau comportamento deles, utilizações erradas de instrumentos ou vestimentas, e de qualquer outra ordem que só cabe ao Guia Chefe ou ao Sacerdote fazê-lo. O correto é levar o fato ocorrido ao conhecimento dos dirigentes e, na mesma hora, para que estes possam tomar a providência de imediato.

OBSERVAÇÃO: Não confundir este último item com as orientações que o médium passista e os Guias, que com ele trabalham, podem e devem passar para seu cambono, mas somente para o *seu* cambono, pois os demais são de responsabilidade de outros médiuns.

É importante dizer que resumimos aqui os deveres, direitos e obrigações destes dois cargos para o que diz respeito ao trabalho espiritual, pois sabemos que existem outras obrigações com a casa, determinadas em seus regimentos internos.

Vale lembrar também que todas as explanações se referem ao médium, tanto quando incorporado das entidades como quando não incorporados.

Veremos agora os demais cargos dentro da hierarquia de um templo umbandista. Daqui por diante já se trata de cargos sacerdotais, por completo, que necessitam atentar para todos os já comentados e mais outros inerentes a cada cargo.

Também existem condições e obrigações rituais para cada um deles, que trataremos no próximo tópico.

## Cargos

### OGÃ

Ao contrário do que muitos podem pensar, o Ogã de um terreiro não é simplesmente um tocador de atabaques, mas, um sacerdote do templo, responsável pela movimentação das energias através dos instrumentos sagrados (a curimba, que trataremos adiante) e também um guardião dos trabalhos e do próprio templo. Um Ogã muitas vezes sequer toca nos atabaques – existem Ogãs preparados para diversas finalidades e este é um cargo de grande importância e respeito.

O cargo e o nome Ogã é originário do culto de nação, do Candomblé, e esse nome varia de acordo com a função, o que pode nos dar uma ideia da diversidade de posições que desde então já revela claramente que um Ogã faz muito mais que tocar os atabaques.

Vemos duas denominações bem definidas na nação Ketu:

• **Ogã Alabé:** o Ogã chefe, responsável entre outras coisas pela curimba ou corimba, mão de couro (existe na Umbanda).

• **Ogã Axogum:** Responsável pelo sacrifício de animais, mão de faca (não existe na Umbanda, pois esta não pratica sacrifício animal).

Mais do que tudo isso, o Ogã cuida da casa e zela por ela. Dentro; da casa, cuida de tudo para que os outros sacerdotes possam celebrar os ritos, tanto da segurança espiritual quanto da material. Fora dela, cuida dos interesses do terreiro e é responsável por preparações e cuidados em diversos setores que comporão os ritos e festas.

O Ogã Alabé, ou Ogã Chefe, deve ser cumprimentado pelos outros componentes da corrente mediúnica, como um sacerdote.

**IMPORTANTE:**

Uma pequena observação se faz necessária e cabe perfeitamente nesta parte de nossos estudos – é o cumprimento aos sacerdotes, o pedido de bênção.

É de extrema importância que um umbandista saiba cumprimentar corretamente seus sacerdotes, e que o faça sempre, em qualquer lugar ou ocasião.

É comum ver pessoas que só o fazem na hora do ritual, e quando os encontra em ocasiões informais, não respeitam este gesto tão importante.

Sem me aprofundar na parte espiritual deste pequeno ritual, apenas vou frisar que, longe de ser uma vaidade do dirigente de um terreiro, o pedido de bênção ou kolofé mostra que sua casa tem hierarquia e organização perante os visitantes, este gesto demonstra sabedoria por parte de quem o pratica, cumprimentar corretamente um sacerdote umbandista mostra que você realmente conhece sua religião e é um umbandista de verdade.

**O ato:** beijar a mão do sacerdote e levá-la a sua cabeça, proferindo a seguinte frase:

"Sua benção, meu Pai / Sua benção, minha Mãe, ou em ioruba, Kolofé Babá / Kolofé Ia."

A resposta do sacerdote será: Que Deus o abençoe (Kolofé Olorum) com muita força (pupu Axé).

## PAI PEQUENO / MÃE PEQUENA
### (Babakekerê / Iakekerê)

Este cargo tão importante dentro de um terreiro de *pequeno* não tem nada, é apenas a forma popular de se dizer que ainda não se trata de um Pai ou Mãe de Santo, preparado, dirigente, mas esta a caminho de ser.

Isso resume bem a condição deste cargo dentro do terreiro, pois o Pai Pequeno ou Mãe Pequena receberam este título porque serão um dia Pais e Mães de Santo, e muito provavelmente da casa. Por que eu digo *da casa*?

Porque, para ser um Pai de Santo, não é necessário que se tenha sido um Pai Pequeno, isso não é uma condição para quem vai dirigir seu terreiro e, sim, um título dado àqueles que têm uma ligação maior com o terreiro onde estão, um laço de fidelidade que as entidades sabem que será praticamente inquebrável, daí a grande importância deste cargo.

Ou seja, quando uma pessoa é preparada Pai ou Mãe de Santo, isso só se dá se esta for dirigir um terreiro ou dividir esta responsabilidade com o dirigente da casa, dependendo do tamanho desta.

Um Pai Pequeno ou Mãe Pequena já não tem esta característica, podem existir vários dentro de uma mesma casa, pois se trata de um cargo de confiança do dirigente, além, é claro, de demonstrar que esta pessoa virá a ser um Pai ou Mãe de Santo no futuro.

O Babakekerê/Iakekerê assume a responsabilidade de ajudar o sacerdote dirigente do terreiro, auxiliar os iniciantes da corrente, zelar pela manutenção da ordem, tradição e hierarquia.

## PAI DE SANTO / MÃE DE SANTO
### (Babalorixá / Ialorixá)

Babalorixá ou Ialorixá é o nome que se dá, em iorubá, ao posto mais elevado na tradição afro-brasileira, é o Sacerdote que ocupa o posto máximo da Umbanda, o de Pai/Mãe de Santo.

A mínima condição para que um umbandista ocupe ou pretenda ocupar este cargo é que este seja um dirigente de um terreiro, assumindo assim todas as responsabilidades e se dispondo a todas as obrigações físicas, materiais, relativas ao cargo, dentro e fora do templo, quase sempre tendo de abrir mão de grande parte ou todo o seu tempo livre (tempo *livre* considerando que o Pai/Mãe de Santo não viva da Umbanda e, portanto, tenha um trabalho tradicional para seu sustento).

A única exceção, para existir mais de um Pai/Mãe de Santo dentro de um terreiro além do dirigente é, quando ele(a) vai dividir toda esta responsabilidade e tarefas com outro(s) dirigente(s).

É o caso, por exemplo, do Barracão de Pai José, onde existem quatro sacerdotes no porto de Pai/Mãe de Santo, os dois dirigentes (Pai Alexandre e Mãe Silmara) e Mãe Maria e Pai Jefferson, que também são consagrados como Pai/Mãe de Santo e auxiliam os dirigentes em todas essas obrigações.

É função do Pai/Mãe de Santo celebrar os trabalhos periódicos e os especiais como festas de Orixás, casamentos, batizados etc. Realizar as camarinhas e demais ritos relativos aos filhos de santo da casa, preparar tudo para quaisquer dessas finalidades, organizar tudo para um bom funcionamento do começo até o fim e zelar por ele.

Mas tudo isso é só o que se vê, já que a nossa obrigação como filhos de santo é chegar alguns minutos antes do trabalho e voltar para casa logo que este se encerra, muitas vezes, reclamando, durante o caminho de volta, de alguma coisa que não julgamos satisfatória por parte da direção ou do trabalho.

Antes e depois de uma Gira, o trabalho de um terreiro não acaba. Além da organização da própria Gira e tudo o que isso envolve, cabe também ao Pai/Mãe de Santo se responsabilizar por toda a parte material, os compromissos burocráticos e financeiros, cursos, eventos, parte social, prestação de contas junto aos órgãos e à comunidade, tudo isso sem mencionar a parte ritual, religiosa, litúrgica, pois é também de responsabilidade do Pai/Mãe de Santo uma infinidade de obrigações para si, para seus filhos, para o santo de seus filhos e para a casa, obrigações que seriam impossíveis de listar e explicar aqui, até porque este não é um curso de Babalorixá, e sim um estudo para médiuns.

Até aqui mencionamos as funções e deveres do Babalorixá/Ialorixá, mas o tópico que estamos tratando no livro se chama "funções, deveres e direitos" de cada cargo. Faltaram, portanto os direitos do Pai/Mãe de Santo – que direito tem o dirigente de um terreiro?

O Pai/Mãe de Santo tem o direito de ser respeitado como autoridade máxima da casa, sua palavra é sempre a final, pois é ele, e tão somente ele, quem vai se defrontar com a responsabilidade sobre o resultado de qualquer atividade do templo que dirige.

Estaremos no conforto de nossas casas, apenas aguardando o próximo trabalho, enquanto o Pai/Mãe de Santo estiver resolvendo os mais diversos *pepinos* que surgem, combinando as tarefas materiais e espirituais do terreiro ao seu trabalho de ganha-pão. E, portanto, é seu direito ser respeitado por toda a comunidade.

## Somente o Pai/Mãe de santo pode:

• Autorizar quem entra para a corrente e determinar quem dela deve se retirar.
• Determinar a que horas o médium pode entrar nos trabalhos e que horas pode sair.
• Determinar o tempo de atendimento aos consulentes.
• Autorizar que alguém saia da área do Congá durante os trabalhos, incorporados ou não.
• Determinar os cargos dentro do templo;
• Autorizar a chegada de uma entidade em terra e sua retirada.
• Determinar o encerramento de uma Gira.
• Autorizar um trabalho fora do terreiro.
• Além de muitas outras coisas, em função das responsabilidades inerentes ao cargo.

Ainda existem diversos outros cargos que podem ou não ser adotados dentro de um terreiro. Dependendo de seu dirigente, muitos desses cargos são heranças dos cultos de nação, e deve ser respeitado, em função da diversidade existente na religião de Umbanda, que cada casa lance mão de tais cargos ou não.

Daremos, portanto, uma lista de diversos cargos, tomando por base o culto de nação Keto, que fala a língua ioruba:

▶**Agibonã:** também chamada nos Candomblés de *mãe criadeira*, supervisiona e ajuda nas feituras e camarinhas;

▶**Babalossayn:** responsável pela colheita das folhas, tem que ter Ossain na coroa.

▶ **Iaegbê / Babaegbê:** conselheira (o), responsável por passar as tradições do terreiro para os mais novos;
▶ **Iabassê:** responsável pela comida de santo, é quem deve conhecer a comida de todos os Orixás e saber prepará-las de forma ritual;
▶ **Ialabaké:** responsável pela alimentação do filho de santo enquanto este se encontrar recolhido em camarinhas mais longas;
▶ **Ialaxé (mulher):** cuida dos objetos rituais;
▶ **Iamoro:** responsável pelo Padê de Exu;
▶ **Iatojuomó:** Responsável pelas crianças do Terreiro;
▶ **Ologun:** cargo masculino, despacha os ebós das obrigações, geralmente são os filhos de Ogum.
▶ **Oloia:** cargo feminino, despacha os ebós das obrigações, na falta de Ologun. Geralmente, são filhas de Iansã.
▶ **Pejigan:** o responsável pelos axés do terreiro, cuida dos assentamentos.

## Quais são as obrigações e condições para se atingir cada degrau?

Muitas condições para se atingir cada degrau dentro da nossa querida Umbanda já foram mencionadas no tópico anterior. Falaremos aqui sobre as obrigações com o sagrado, ou seja, listaremos o que é necessário ser realizado em termos de ritual para cada caso.

Isso porque, além de preparo material, ou seja, assumir as responsabilidades de cada cargo, bem como adquirir o conhecimento necessário para exercer a função, é necessário um preparo espiritual, ritualístico, preparo este específico para cada função e cargo.

### Médium da Corrente (vestir o branco)
Além do que já foi dito, a condição para este cargo é estar disponível nos dias de trabalho do terreiro, conhecer e respeitar as normas internas, associar-se e pagar a mensalidade, possuir vestimenta branca de acordo com o que determina a casa.

**Obrigações:** Camarinha de Elegdá (Anjo da Guarda), que pode ser realizada mesmo depois do início na corrente.

### Médium Passista
São várias as condições exigidas para se trabalhar como Médium Passista. Entre elas, tempo de experiência na casa, assiduidade nos trabalhos, compromisso com as obrigações materiais para com o terreiro, além de tudo que já foi dito no tópico anterior. Mas, sem dúvida, o mais importante para este cargo é o desenvolvimento mediúnico, que é extremamente diferente

de pessoa para pessoa e em nada tem a ver com tempo de terreiro – isso pode variar muito, pois os Guias sabem a missão de cada um, que é da mesma forma diferente umas das outras. É preciso ser dedicado aos estudos da religião e vale lembrar que tudo na vida do médium é levado em conta pelas entidades, suas atitudes dentro e fora do terreiro.

**Obrigações:** Camarinha de Elegdá (Anjo da Guarda), somado ao ensinamento e preparo dado pelas entidades no decorrer de sua missão como Cambono.

## Ogã

O mais importante é que o Ogã não um precisa ser necessariamente médium de incorporação, basta que seja um médium e, portanto, segue todos os preceitos relacionados a esta tarefa. Se for Ogã de couro, precisa estar familiarizado com a curimba, com os atabaques, conhecer seus preceitos rituais e acima de qualquer coisa ter um compromisso exemplar com a casa. Como existem vários tipos de Ogãs, da mesma forma são variadas as condições para se atingir cada degrau, e normalmente isso se dá pelas entidades dirigentes do templo.

**Obrigações:** O Ogã Alagbé é preparado em camarinha fechada de no mínimo três dias, com os rituais específicos, Orixá Olori assentado e a saída pública.

CURIMBA DO BARRACÃO DE PAI JOSÉ EM FESTA NA MATA.

### Iabassê

Sem dúvida, conhecer a comida de todos os Orixás, bem como o preparo correto dentro do sagrado e as proibições. Para tanto, a melhor coisa é o estudo por meio de livros e a convivência com as Iabassês já formadas, prontificando-se a ajudar na cozinha em camarinhas e festas.

**Obrigações:** No Barracão, geralmente, as Entidades da própria Iabassê chefe determinam oferendas e obrigações específicas para cada pretendente.

### Pai/Mãe Pequeno(a) (Babakekerê/Iakekerê)

Tem uma ligação profunda com a casa e seus dirigentes, fidelidade, compromisso. Como já foi dito, o posto de Pai/Mãe Pequeno tem muito mais relação com a própria casa, mas já demonstra a propensão do filho de santo a ser um Babalorixá/Ialorixá. É, portanto, necessário também conhecimento sobre as tradições e regulamentações do terreiro, pois irão auxiliar os mais novos neste sentido.

**Obrigações:** É realizada camarinha específica e precisa ter o Orixá Olori assentado.

### Pai/Mãe de Santo (Babalorixá/Ialorixá)

As condições para se atingir tal degrau na religião de Umbanda são muitas, podemos resumir aqui as três principais:

• Tempo de religião, pois é preciso experiência e ter passado por cada degrau para poder agora comandá-los com sabedoria.

• Compromisso, estudo e disposição, estar disposto a perder todo o seu tempo disponível, pois vai precisar dele para exercer o cargo que não se limita aos trabalhos de gira, conhecer todos os detalhes e preceitos ritualísticos, história, teologia, conhecer as demais religiões e compreendê-las, entre muitas outras coisas, mas, acima de tudo, estar predisposto a ser muito mais pelos outros do que para si mesmo.

• Missão, ter o dom e a missão, isso é cármico e não é a gente que escolhe, ter a missão significa ver os acontecimentos o levarem para isso, ter de assumir responsabilidades com outras pessoas, dirigir um terreiro ou auxiliar esta direção, tomando parte de todas as responsabilidades citadas aqui e no tópico anterior e não ser uma Pai/Mãe de Santo que só trabalha para si. Ter o dom significa, entre outras coisas, ter mediunidade e ter a coroa de Pai/Mãe de Santo, que é uma marca espiritual revelada pelas entidades ou por outro sacerdote.

**Obrigações:** são muitas, entre elas podemos citar o assentamento do Orixá Olori e de preferência dos demais, a camarinha específica de preparo onde são realizados inúmeros rituais celebrados por Pai/Mãe de Santo preparado, com saída pública, além de diversas obrigações complementares que são passadas no decorrer do preparo no dia a dia do médium dentro da religião.

UMBANDA DE BARRACÃO

IABASSES NA COZINHA RITUAL DO BARRACÃO.

A TRADICIONAL RABADA E AMALÁ DE CARURU DE XANGÔ PREPARADOS POR ELAS.

## O que são as camarinhas e feituras?

Cada terreiro tem seus próprios métodos para realizar as mais diferentes obrigações rituais a que se devem submeter os médiuns, quando estes querem se preparar para novas etapas dentro da missão espiritual.

Herança dos cultos de Nação, as camarinhas e feituras ainda aparecem fortemente nos terreiros de Umbanda quando se trata de preparo para Orixá, já que nossos irmãos mais velhos de Nação são profundamente conhecedores dessa causa. Porém, foram bastante modificados e adaptados à liturgia própria do ritual umbandista.

São chamadas de *camarinhas* as obrigações que o médium precisa realizar dentro do terreiro, onde muitas vezes permanece por vários dias e podem ser até fechadas, ou seja, onde o filho de santo não pode sair até o seu término.

Nestas camarinhas, realizam-se diversas obrigações e feituras, assentamentos de Orixá, firmeza de Elegdá, Boris, entre outras, onde geralmente permanecemos comendo a comida do Orixá (em comunhão com a divindade) e nos submetemos a diversos processos ministrados pelo Pai/Mãe de Santo.

*Feitura* é o nome que damos na Umbanda para a preparação de um médium em determinado posto da escala hierárquica sacerdotal. Nesta preparação, muitas vezes, utiliza-se do processo aqui citado, o das camarinhas.

"Ele foi feito Pai de Santo", significa que ele foi consagrado como Pai de Santo por um outro, que lançou mão dos preceitos religiosos necessários que incluem a camarinha.

CAMARINHA DE ELEGDÁ (ANJO DE GUARDA), NO BARRACÃO DE PAI JOSÉ, PAI ALEXANDRE, APROVEITA O DIA DE RECLUSÃO DOS FILHOS PARA PASSAR ENSINAMENTOS SOBRE AS OBRIGAÇÕES E RITUAIS.

# OS INSTRUMENTOS SAGRADOS DE UMBANDA
||||||||||||||||||||||||||||||||||||||||||||||||||||||||||||||||||||||||||||||

## As guias (colares de contas)

Muito populares e marca registrada dos adeptos das religiões que cultuam os Orixás, as chamadas *guias* que são aqueles colares de contas coloridas, que sempre aparecem em grande diversidade de combinações, tamanhos e trançados no peito dos filhos de fé umbandistas. O que são estas *guias*, qual seu significado e utilidade, qual sua aplicação correta?

As respostas para estas perguntas serão tão diferentes quanto o número de terreiros umbandistas existentes, pois se trata de símbolos pessoais e/ou coletivos, que podem representar uma infinidade de situações dentro de uma comunidade umbandista. Daremos aqui as explicações que obtemos em nossa casa, sem desmerecer nenhuma outra forma, conscientes de que todas têm o seu valor e nenhuma tem menos valor que o nosso.

As *guias* basicamente definem duas situações, os Orixás donos da *coroa* do médium que as está utilizando e as entidades que ele já trabalha com certa desenvoltura e periodicidade.

Em outras palavras, são por meio de suas cores, formas e tamanhos que identificamos em um filho de fé quais são seus Orixás e algumas das entidades (Caboclos, Pretos Velhos, Erês etc.) que com ele trabalham nas giras. Mas é bom deixar aqui registrado que, ao menos para nós do Barracão, não é a quantidade destes colares que determina graus diferenciados de desenvolvimento dentro dos processos mediúnicos. Isso porque, salvo as *guias* dos Orixás de coroa, um médium só utiliza uma outra a pedido das próprias entidades e, por algum motivo particular, além dos já citados.

Da mesma forma, os formatos, cores e quantidades de cores, são deter-

minados sempre pelos espíritos, respeitando-se os limites da coerência e do bom senso que, sabemos, nunca são violados pelas entidades, tamanha sua sabedoria, mas isso pode ocorrer com o ser humano, que é passivo de erro.

As *guias* são feitas de contas coloridas, passadas em fio de nylon, respeitando, muitas vezes, quantidade e tamanho predefinidos pelas entidades e fechadas com a chamada *firma,* que é um objeto também determinado pelo Guia que servirá para iniciar e findar a volta do colar, onde se firmarão as devidas energias e da mesma forma se dissiparão as que necessitam se desprender.

Contudo, mais importante do que tentar listar aqui suas mais diversas formas e utilizações, já que estas são determinadas por entidades muito superiores, devemos atentar para o fato de que nem de longe as *guias* são meros adornos e enfeites, e sim objetos mágicos, que tem em si materializadas, infinitas mirongas e simbologias sagradas, além de serem instrumentos responsáveis por transportar energias e servir de elementos de proteção, proteção dos Guias que trabalham com o médium, dos Orixás e dos Guias da casa em que o médium trabalha, quando esta é abençoada por aqueles ou pelo seu legítimo representante, o Babalorixá.

O trato, manuseio e guardo destas *guias* devem respeitar os cuidados inerentes ao objeto sagrado que é.

Existem terreiros que utilizam *guias* específicas para determinar graus hierárquicos dentro do Terreiro, entre outras sinalizações. No Barracão de Pai José, elas não têm este significado.

## O filá e o ojá

Ambos são feitos de pano e utilizados na cabeça dos médiuns. No Barracão, o Filá na cabeça dos homens e o Ojá, na cabeça das mulheres; o Filá é uma espécie de *gorrinho* redondo e o Ojá um pequeno turbante, resultado do enrolar de tira larga de pano na cabeça, podendo ser usado em conjunto com fitas coloridas.

São duas, basicamente, as principais aplicações práticas de seu uso: a proteção da *coroa* do médium e o símbolo, mostrar que ali se trata de um filho de fé, participante, praticante e atuante em corrente mediúnica e, portanto, protegido pelas Entidades.

O filá e o ojá podem ser adotados em uso dentro da gira de um terreiro ou não, pelo motivo já citado. Pois, já que se trata de uma proteção, seria muito mais importante utilizá-lo fora do terreiro do que dentro, já que dentro de nosso terreiro estamos muito mais protegidos do que fora dele. Quanto ao seu outro significado, da mesma forma é mais importante sinalizar que somos médiuns de Umbanda quando estamos fora do terreiro, pois durante o trabalho isso já está explícito e óbvio.

Não estou aqui fazendo campanha contra a utilização do filá e do ojá durante a gira de Umbanda, até porque usá-los nos trabalhos incentiva seu uso e divulga a existência deste objeto tão importante. Estou sim tentando explicar seu verdadeiro sentido e efeito, pois sabemos que onde realmente se deveria utilizar o filá e ojá poucos o fazem, por constrangimento, já que o ser humano transformou sacramentos religiosos e sagrados em meros eventos sociais. Estou falando, por exemplo, de velórios e enterros, onde todo médium que desenvolve trabalho espiritual deveria estar de filá e ojá, para proteger sua coroa (entenda "proteger sua mediunidade e espírito") e para sinalizar sua condição de médium praticante, afastando qualquer espírito mal-intencionado, pois este já saberá que ali não encontrará facilidade nas suas ações maléficas, apesar da grande e magnética energia. Isso pouparia o trabalho dos Guias.

O objetivo de nosso estudo é explicar os efeitos, na prática, de todos os fundamentos umbandistas. No Barracão, o uso do filá/ojá durante a gira não é condição, mas é incentivado por divulgar sua importante existência, além de preservar a raiz, outro compromisso de nossa casa. Temos o dever de explicar aqui que sua utilização faria muito mais sentido e traria resultado prático fora da gira.

## As ferramentas e instrumentos particulares de cada entidade

Já que estamos falando de materiais que aparecem fortemente na tradição umbandista, não podemos deixar de mencionar aqueles objetos que, ao contrário de *"guias"*, roupas, filá/ojá, adejas etc. não nos pertencem, e sim pertencem aos Guias de luz que trabalham conosco. São objetos que os espíritos utilizavam em suas encarnações e utilizam hoje em suas mirongas, objetos sagrados que, quando incorporados, querem tê-los à mão para fazer uso de suas energias (que, diga-se de passagem, provêm das próprias entidades). Estamos falando do maracá do Caboclo, do laço do Boiadeiro, do rosário da Preta Velha, entre tantos outros tão particulares e, muitas vezes, personalizados nos detalhes que são recomendados pelos espíritos, na sua solicitação ao médium para a providência destes.

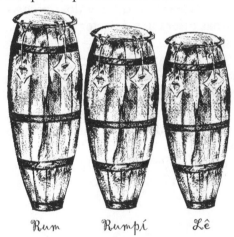

Rum    Rumpí    Lê

## Os atabaques (Curimba)

A importância da Curimba para nosso terreiro é tão grande que todas as suas particularidades, bem como seus efeitos na prática ritual do templo não caberiam aqui neste livro. Podemos então nos limitar a listar os instrumentos sagrados, sobretudo os atabaques, e mencionar que o conjunto deles, somado aos Ogãs e ao Alabé, formam este departamento indispensável dentro da Gira.

Isso porque é a Curimba que movimenta as energias durante os ritos e cabe a ela iniciar, manter e encerrar corretamente estes movimentos.

Existem terreiros que não utilizam a Curimba, e isso não diminui a eficácia dos seus trabalhos, pois o Sacerdote e as Entidades Chefes do terreiro assumirão sozinhos esse papel, daí a importância da Curimba que vem para somar forças e dividir tarefas em processos espirituais.

Quanto maior o entrosamento entre o Guia Chefe e a Curimba, melhor será o resultado dos atos rituais ali desenvolvidos.

Já falamos bastante, da importância dos Pontos Cantados neste livro, não é mesmo? É na Curimba que eles são entoados, seguidos pelos filhos de fé, formando assim uma grande força capaz de movimentar e modificar energias de modo inimaginável.

Tanto falamos bastante aqui da importância do cargo sacerdotal de Ogã, não é mesmo? A Curimba é seu ponto de atuação, e de lá emana sua influência por meio de suas potentes ferramentas.

Basicamente, os instrumentos sagrados de uma Curimba são os três atabaques principais devidamente consagrados: seus nomes são Rum, Rumpi e Lê, onde o maior é o atabaque principal, o Rum.

O toque possui seus segredos, pois através deles o Axé será movimentado da forma que o Ogã deseja e o Sacerdote precisa. Existem diversos toques diferentes, formas diferentes de bater no atabaque, cada Orixá tem o seu predileto e o mesmo acontece com seus mensageiros, os Guias de Luz.

Não bastasse toda a importância ritual da Curimba, explicada aqui de forma muito resumida, é graças a ela que as religiões de culto a Orixá se tornam mais bonitas e atraentes, principalmente sob o ponto de vista cultural. Foram estes ritmos que tanto influenciaram a nossa música popular, conhecida hoje no mundo todo, por meio dos premiados músicos baianos, por exemplo.

Todo médium de Umbanda e Entidades devem respeito a Curimba e seus componentes, tanto quanto ao seu sacerdote dirigente, o Ogã Alabé.

## Os punhais sagrados (tábua de Preto Velho)

Ao contrário do que falamos no tópico "As ferramentas e instrumentos particulares de cada Entidade", aqui trataremos de um instrumento particular de uma Entidade, porém, com fundamento mais abrangente. É na tábua do Preto Velho, com seus punhais, que está materializada uma segurança indispensável ao terreiro como um todo, é lá que está a mironga do Preto Velho/Preta Velha, tanto para as causas particulares que atende, como para o terreiro.

É quase impossível, apesar da diversidade existente na nossa querida Umbanda, encontrar um terreiro que não utilize este fundamento. Quase sempre o Guia Chefe da gira de Iorimá assentará em sua tábua os punhais e demais elementos para um propósito único, a segurança do templo.

É ali que está materializada a ligação da corrente com o astral, uma

corrente que tem uma identidade singular em sua vibração e, por meio da tábua do Preto Velho, se liga às demais e confere proteção aos trabalhos e aos médiuns que dela fazem parte e nela colocam sua parcela de vibração que a compõem como um todo.

Em outras palavras, é preciso dar a devida importância à tábua do Preto Velho/Preta Velha, e as dos Guias dirigentes de um terreiro devem estar sempre firmadas no Congá, independentemente de ser gira de Yorimá ou não.

## O Adejá/sinos

São muitas as aplicações do Adejá, uma espécie de sino feito de metal, que o Pai/Mãe de Santo segura durante os atos rituais e oferendas – podemos citar aqui seu significado simbólico e sagrado.

Sua maior simbologia remete aos tempos dos reis e rainhas, tempo em que cada ato deles sempre era anunciado pelo som deste instrumento, sua chegada, sua saída, sua hora de comer, tudo o que fosse nobre deveria ser anunciado pelos sinos. Na África, origem das lendas de nossos Orixás, em quase todas eles aparecem como reis e rainhas, lá não era diferente e o Adejá era este sino importante e pomposo.

Isso explica e embasa a condição histórica e mítica deste instrumento, e este ato é repetido hoje nos cultos ao Orixá com enfoque sagrado, para demonstrar a nobreza e a importância de cada um destes atos rituais, para relembrar a história nobre dos Orixás, além de chamar a atenção divina para seus filhos e a atenção de seus filhos para o que é divino.

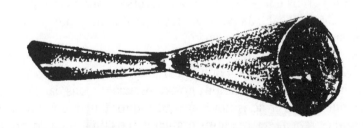

# MEDIUNIDADE E INCORPORAÇÃO

## O que é a mediunidade e o que é um médium?

Existem diversos conceitos sobre o que seria a mediunidade, de onde ela vem, seus *porquês* e qual sua finalidade, qual sua razão de existir ou não para uma pessoa.

A exemplo do que fizemos durante todo este nosso estudo, a explicaremos aqui de uma forma prática e objetiva, pois é a necessidade maior de um médium de Umbanda, e claro, seguindo a filosofia determinada nesta casa sem qualquer interesse de sobrepô-la a outras formas de explanação.

Para muitos, é um pesado fardo; para outros, um querido e generoso presente de Deus, se o seu ponto de vista o inclui no primeiro ou no segundo grupo, somos obrigados a dizer que de certa forma ambos estão corretos.

A mediunidade é um presente de Deus, sem dúvida, e também uma ferramenta para nos ajudar a resgatar nossas dívidas cármicas. Grosso modo, é um dom atribuído àqueles que possuem a capacidade de intermediar a comunicação entre vivos e mortos, nas mais diversas formas em que isso pode ocorrer, e este dom só cabe às pessoas que escolheram, antes de reencarnar, utilizar-se desta ferramenta para servir.

Ou seja, o que se pode afirmar com precisão é que, nem de longe, ter mediunidade significa ser superior a outra pessoa que não possua esse dom. Pelo contrário, é sinal de que este médium possui muitas dívidas cármicas a serem resgatadas, o que nega a errada impressão que muitos têm de ser um *status*, pois sabemos que na prática, ser médium praticante costuma atrair o preconceito alheio e em nada poderia ajudar materialmente o ser que possui tal faculdade.

Se materialmente não apresenta benefício algum, espiritualmente é a grande chance de uma pessoa se resignar e atingir escalas extremamente

avançadas na sua condição de espírito em evolução, pois, conhecendo as leis do carma, sabemos que estamos aqui para isso, para resgatar nossas dívidas contribuindo de alguma forma, e somos nós mesmos que escolhemos como isso se dará, quando, diante do criador e às vésperas de retornar ao mundo dos vivos, decidimos que a melhor forma de servir seria ter o dom da mediunidade e praticá-la, servir de elo entre as pessoas encarnadas e os espíritos de alta evolução que não mais precisam retornar, *sem cobrar nada por isso*.

Não bastasse o livre-arbítrio de escolher a forma que utilizaremos para estes resgates, estes pagamentos de dívidas, Deus ainda dá o livre-arbítrio de querermos ou não praticá-lo depois que reencarnamos, e é por isso que este de nada se lembra, para que não seja ferido esse direito de livre-arbítrio, o que deixa livre o indivíduo para assumir esta responsabilidade ou não, que é um presente ainda maior e mais generoso de Deus. *Você é livre para ser ou não um médium, mesmo tendo mediunidade.* Um presente para nós umbandistas também, pois não queremos pessoas ao nosso lado que ali estão apenas por obrigação.

Em resumo, o médium é o intermediário entre dois mundos, o intérprete daqueles que não estão mais nesse plano para aqueles que ainda estão. Para essa prática de tradução das coisas espirituais, existem muitas ferramentas e formas, citaremos uma que é, sem dúvida, a mais utilizada na religião de Umbanda, a Incorporação.

MÉDIUNS SENDO DESENVOLVIDOS NAS GIRAS DO BARRACÃO DE PAI JOSÉ.

## A incorporação mediúnica
### (irradiação e interpretação)

A incorporação é um fenômeno muito comum entre os praticantes da religião de Umbanda. Na prática, é o momento em que o espírito de um ser desencarnado (no caso da Umbanda, um espírito de luz, evoluído) se aproxima fortemente do médium, passando a se utilizar de sua matéria (seu corpo físico) para fazer contato com as pessoas deste plano, os reencarnados.

Em outras religiões mediúnicas, essa comunicação nem sempre se dá através do processo de incorporação. É o caso do Candomblé, por exemplo, que se utiliza do oráculo para essas consultas, e do Kardecismo, que também muitas vezes lança mão da psicografia para esta intermediação. Na Umbanda, também existem outros processos de uso da mediunidade, mas a incorporação é sem dúvida o meio mais utilizado.

Mas, como isso acontece, o médium fica *possuído* pelo espírito? O espírito passa a comandar completamente as faculdades mentais deste indivíduo? A resposta é *não*, e vamos tratar justamente disso a partir de agora.

Como vimos no tópico anterior deste módulo, o médium é um intermediário, um tradutor, que conscientemente recebe estas informações e as transmite aos seus interlocutores, os atendidos. Digo conscientemente porque não se trata de derrubar mais uma vez nosso direito de livre-arbítrio e falaremos melhor disso adiante, no tópico *mediunidade consciente*. Para facilitar o entendimento e sem precisar explicar o processo de acoplamento de um espírito aos chakras e centros nervosos do médium, criei uma comparação meramente ilustrativa, que, além de mostrar como se dá este fenômeno, também fundamenta de certa forma alguns acontecimentos durante o processo que chamamos de *desenvolvimento mediúnico*. Vamos a ele.

Imagine um profissional de línguas, um bilíngue, que trabalha na função de intérprete, cargo muito comum em grandes empresas multinacionais, por exemplo.

É o intérprete que entremeia as conversas dos diretores da empresa e os seus parceiros visitantes provindos de outros países, quando estes não falam uma língua em comum. Digamos que você se interessou pela profissão, resolveu aprender inglês e vai dar seus primeiros passos nessa carreira.

Como intérprete, você precisa ouvir em inglês, receber a informação na sua cabeça em inglês, convertê-la *na mente* em português e *falar* soltar esta informação verbalmente em português.

No começo, é difícil, exige estudo e muita prática, e os resultados ainda não são os melhores.

Com o tempo, estudo e prática, você vai perceber que começa a fazer isso com a maior naturalidade do mundo, você não precisa mais pensar em inglês, converter em português na sua mente e falar, este processo todo já acontece automaticamente e você pode dizer que fala inglês *fluentemente* até mesmo com sotaque inglês.

Veja quantas coincidências há entre o trabalho do intérprete do plano material com o do espiritual, o médium.

O médium também recebe a informação na sua mente, que foi enviada pelo espírito pelo processo que chamamos de irradiação[7], e precisa saber esta *linguagem,* que é sentida e não falada, traduzi-la em sua mente para a linguagem da palavra e soltá-la, passá-la verbalmente para a pessoa que está à sua frente, esperando esta informação.

Veja que, no começo, no desenvolvimento mediúnico, o seu *inglês* ainda não é fluente, o médium em desenvolvimento ainda não realiza todo este processo com fluência, ele ainda tem de receber esta informação na sua cabeça, pensar, sentir, traduzir e depois tentar soltá-la sem perder a concentração. É uma difícil tarefa.

Até porque, tudo "vem na sua mente", e é comum no começo deste desenvolvimento o médium não falar quando está incorporado, e depois dizer "recebi informações, tive vontade de fazer isso ou aquilo, mas pensei que era coisa da minha cabeça" e era mesmo, porque é na nossa cabeça que virão estas informações irradiadas pelos espíritos, não há outro jeito.

Com o tempo, a fé, a confiança, a prática e os estudos nos aprimoram, nos lapidam e tornam o nosso *inglês* fluente. O que estou querendo dizer com essa brincadeira de *inglês* fluente? Quero dizer que com o tempo este processo se torna automático, como se torna automático o processo de tradução de uma língua para outra na profissão do nosso amigo intérprete. Ou seja, você vai receber o Sr. Baiano, por exemplo, e vai intermediá-lo em sua mente quase simultaneamente ao momento em que recebe a irradiação, tão simultaneamente que vai agir e falar do jeito que o Sr. Baiano faria se estivesse aqui em carne e osso, até com sotaque.

Apesar da maneira informal e descontraída que trato o assunto neste exemplo, considero uma boa forma de explanar um fenômeno de tamanha complexidade, sem correr o risco de me fazer parecer o que não sou, pois não sou um profundo conhecedor do que se passa lá do outro lado, e sim eles, os espíritos de luz de nossa querida Umbanda, o são. Há muitas outras informações sobre este que é apenas um dos processos de prática mediúnica, uma complexidade bem mais extensa e que a meu ver só tomaremos conhecimento pleno quando estivermos do outro lado, mas a nossa obrigação aqui, como médiuns, é aprimorar cada vez mais este nosso *inglês,* este nosso comportamento durante o concentrado processo de intermediação destas irradiações sagradas e iluminadas.

---

7 Segundo *Michaelis* – Moderno Dicionário da Língua Portuguesa, ir.ra.di.a.ção sf (lat *irradiatione*) 1 Ação de irradiar, difusão ou emissão de raios luminosos em todas as direções. 2 Toda ação que se transmite de um centro para as partes periféricas. 3 Fís Emissão de energia radiante (como calor). 4 Fís Emanação, difusão ou radiação, proveniente de um centro ou ponto de origem comum de um objeto, ou o resultado de tal atividade.

Agora, uma pequena dica para os muitos que estão no começo deste processo de desenvolvimento:

> Você vai sentir fortemente a presença da entidade no momento da incorporação, além de ter um sacerdote ou um médium formado à sua frente, avalizando o fato de que esta Entidade esta aí com você, tirando, a força da entidade que você estará sentindo através da grande vibração que ela emana. O resto virá na forma de irradiação na sua mente, é na sua cabeça sim, comece a traduzir estas informações sem medo, é parte do processo, não se culpe por ainda estar lá, junto, pois estará sempre, você é o intérprete, eles precisam de você lúcido – concentrado, mas lúcido e consciente.

## Mediunidade consciente

Tudo que foi dito no tópico anterior cairia por terra se não comungássemos da crença de que todo médium é consciente durante a incorporação.

Aliás, nada do que foi dito durante todo este estudo teria valor, pois não seria responsabilidade do médium conhecer nada, o médium nem sequer teria responsabilidades sobre seus atos durante os trabalhos, as giras de atendimento às pessoas.

Por que então falaríamos tanto neste livro, em segredo de sacerdócio? Por que falaríamos tanto em aprender para melhor interpretar as irradiações das Entidades, já que nada poderíamos fazer durante a incorporação se fossemos médiuns inconscientes?

Este é um tema complicado, sei do risco que corro em desagradar alguns que não pensam assim e este nunca foi o objetivo deste estudo. Contudo, a falsa ideia de que o médium, para ser médium, precisa ter uma incorporação inconsciente, ou seja, não se lembrar de nada depois que desincorporar, sempre atrapalhou bons médiuns que, nas suas primeiras experiências nos processos de desenvolvimento mediúnico, acreditavam não estar prontos porque se lembravam de tudo, acreditavam que não eram médiuns de incorporação e até mesmo os mais honestos consigo mesmo acreditavam estar mistificando. Tudo isso porque sempre ouviram dos médiuns mais experientes a terrível frase: "não me lembro de nada".

Por falar em "se lembrar", eu me lembro do meu primeiro dia na corrente mediúnica de um Terreiro. Como no meu caso não houve um desenvolvimento prévio de minha mediunidade, eu nunca havia incorporado um espírito até aquele dia tão inesquecível para mim, e antes do início da Gira um médium mais experiente me deu orientações sobre os procedimentos. Esta foi uma das orientações:

– Quando você estiver incorporado, traga seu Guia para cumprimentar o Congá, a porteira, os atabaques...

Fiquei perplexo, e disse a ele:

– Como assim "eu" vou trazer o Guia? Eu não estarei aqui, como posso ser eu responsável se a Entidade vai ou não cumprimentar o Congá? Não estarei aqui, e sim o Guia.

E este experiente médium percebeu minha errônea ideia de que, no momento da incorporação, não me lembraria de nada do que se passaria e me orientou melhor sobre este aspecto. Ainda bem!

O fato é que em outros tempos esta foi a forma de as Entidades se aproximarem e se manifestarem, já que naquela época não existiam terreiros espalhados por toda a cidade e havia então uma necessidade de tirar a consciência temporária do médium, pois sem isso ele não deixaria a Entidade trabalhar e se declarar, mostrar o novo caminho que estava surgindo, o surgimento da própria Umbanda, por exemplo.

Hoje, ao contrário, colocamos-nos à disposição destas Entidades, a ponto de realizarmos firmezas e banhos de ervas para facilitar este processo, não existindo mais nenhuma necessidade de uma Entidade tirar nossa consciência para poder se manifestar.

Para finalizar, podemos afirmar que a incorporação inconsciente existiu, mas não existe mais, salvo em casos raríssimos, ou melhor, em raros momentos extremamente necessários.

Não adianta tentarmos achar esconderijo por trás deste mito para fugir de nossas responsabilidades, sobretudo a corresponsabilidade que temos em tudo que é dito e receitado pelas Entidades durante uma gira de Umbanda, motivo pelo qual estamos aqui buscando mais aprendizado.

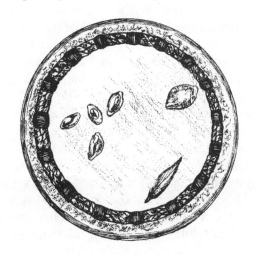

# A influência do Médium na incorporação

Seguindo a linha de raciocínio proposta até aqui, podemos também dizer que a incorporação mediúnica pode variar seu nível de intensidade. Ou seja, em uma determinada Gira você pode estar com uma incorporação plena, na qual quase 100% do que é feito e dito reflete o desejo da Entidade e não do Médium. Já em outra ocasião, por diversos motivos externos e internos, esta relação Médium/Entidade pode não estar no seu melhor dia, pode não estar plena, deixando espaço maior para interferências do Médium nas consultas e nos atos enquanto estiver incorporado de seus Mentores espirituais.

Há alguns fatores que podem fazer variar a intensidade da incorporação de um Médium, seja este o mais experiente deles. Um dos principais é a concentração, que pode não estar sendo eficaz devido a problemas pessoais, preocupações, problemas emocionais ou de saúde, problemas familiares, enfim, qualquer situação negativa que esteja ocorrendo com este Médium naquela ocasião.

Mas o Médium de Umbanda é um guerreiro, e sabe que seu compromisso de intermediar as Entidades para a prática da caridade está acima de suas preocupações pessoais. Caso contrário, dificilmente as Entidades que dependem dele para prestar os atendimentos conseguiriam dar uma sequência satisfatória aos seus atendimentos e tratamentos espirituais. Este médium sabe que, independentemente de seus problemas pessoais, existem pessoas naquele terreiro esperando por ele para poder continuar seus tratamentos com o Guia que só ele incorpora, e por isso vai trabalhar do mesmo jeito, mas é preciso certos cuidados nestes casos.

Esta variação do nível da incorporação pode em nada alterar o objetivo do trabalho deste médium, isso não é nenhuma catástrofe, desde que o Médium esteja preparado, esteja atento às suas responsabilidades para desta forma conseguir conduzir os trabalhos sem que isso interfira no resultado final, que é o de intermediar e traduzir a Entidade para seu interlocutor.

Mesmo em menor nível de assimilação, o Médium consegue traduzir a mensagem de seu Guia, que está lá com ele, bem atento. Este Médium não vai *atravessar,* como popularmente se fala no meio umbandista quando um Médium, durante a incorporação, passa à frente da Entidade, fazendo valer seu desejo em detrimento ao desejo do Guia de Luz.

Que tipo de atenção especial é esta que deve ter o Médium para que sua Incorporação, seja ela em que nível se encontre, não interfira negativamente no resultado do seu trabalho?

A resposta é: seguir tudo que estudamos neste livro, ou seja, angariar conhecimento, saber qual é o papel das Entidades nestes processos de atendimento às pessoas para não incorrer em erros graves e infelizmente tão comuns.

Guia de Luz não é adivinho, não precisa, não tem a obrigação de adivinhar nada sobre a vida daquela pessoa que recorre a ele no trabalho de atendimento. É comum presenciarmos situação na qual o consulente, ao se postar diante da Entidade, diz " O Senhor já sabe o que está acontecendo comigo", o Guia, mesmo que saiba, com certeza vai dizer: "Não sei não, se você não me contar não poderei te ajudar", até porque ele precisa da autorização desta pessoa para que possa intervir, já falamos sobre isso anteriormente. Ou seja, a Entidade que trabalha com você não precisa adivinhar nada, portanto, não tente fazer por vontade própria.

Outra situação perigosa. Nunca uma Entidade de Luz irá responder certas perguntas, como por exemplo: "Meu cônjuge possui um amante?" Simplesmente porque não é este o seu papel, além do que responder a este tipo de pergunta é uma intromissão na vida de uma terceira pessoa que nem está ali, sem contar no perigo a que a Entidade estaria expondo seu Médium, por motivos óbvios. Independentemente de tudo isso, um Guia de Luz, sábio como é, nunca irá se desviar de seu objetivo, que é simplesmente orientar estas pessoas, sem que isso denigra ou interfira na vida de alguém que nem está presente na conversa. Que diremos então de um *Guia* que fala para uma pessoa que ela morrerá na semana seguinte? Veja que absurdo, mesmo que isto fosse um fato e de conhecimento da Entidade, ela nunca falaria, pois em nada iria ajudar, e o objetivo é acalantar, dar ânimo, encorajar, animar, confortar e nunca o contrário.

Qualquer coisa que se diga que não tenha o objetivo benéfico destas últimas palavras listadas não é o Guia, é o Médium, é a interferência, é a tal da *Atravessada*.

Antes de encerrar este tópico, não podemos deixar de mencionar outros tipos de influência e exageros que nunca poderiam ser atribuídos aos Guias de Luz, como por exemplo o consumo excessivo de bebida alcoólica.

O Guia não bebe nem fuma, a Entidade de Luz utiliza seu uso sagrado, diferente do uso profano que damos a estes elementos quando bebemos e fumamos fora das giras, isso já foi mencionado para o caso do fumo quando falamos da defumação – e no caso da bebida não é diferente. Existem várias utilizações sagradas também para o álcool, mas, definitivamente, o que podemos afirmar é que, quando existe o exagero, a embriaguez não é culpa da Entidade, e sim do Médium.

Sobre o uso *sagrado* de bebidas alcoólicas pelos Guias, podemos dizer que, desde os mais remotos tempos, os sacerdotes espiritualistas, das mais diversas origens (indígena, africana etc.) sempre lançaram mão de elementos da natureza para suas mirongas, suas magias, como a água, a terra, o vegetal etc. O álcool é a mistura do vegetal (cana e outros) e mineral (água), além de ser combustível (elemento fogo), tudo isso reunido e de fácil acesso a qualquer um, pois não se trata de droga proibida ou de uso médico, pode ser encontrado em qualquer prateleira de supermercado. Somente isso já explica seu uso e sua importância para os Guias, que são justamente os espíritos destes sábios sacerdotes. Os métodos de aplicação podem ser vários, mas sempre sagrados, místicos e com a vantagem de poder ser utilizado externa e internamente, tanto pelo Guia, em pequeninas doses que ingere durante os trabalhos, para equilibrar certas energias, vibrações até mesmo entre ele e seu Médium, quanto por seus consulentes, para que a Entidade possa enxergar neles, por meio dos processos magnéticos, diversos males a que podem estar submetidos, bastando para isso um simples gole (do consulente) na bebida previamente magnetizada pelo Guia.

O trabalho de um Médium é delicado, requer, entre muitas outras experiências, o conhecimento daquilo que pratica e seu objetivo, sobretudo seu objetivo, sua finalidade.

Qual a finalidade do trabalho de um Médium? Intermediar os Espíritos de Luz e as pessoas ainda encarnadas. Com qual objetivo? O de amenizar a dor, orientar e dar conforto, porto seguro, entusiasmo, coragem e alegria. Fora disso, não é o Guia.

Tomando este pensamento como lema, sempre saberemos separar o joio do trigo, mesmo dentro de nossas cabeças sempre saberemos diferenciar o que é divino e o que é proveniente de nossa própria, e passível de erro, consciência.

## Nota do autor:

*Jundiaí-SP, setembro de 2006.*

*Para mim, a Umbanda é, ou deveria ser, a religião das pessoas livres. Livres dos tabus que aprisionam sem sentido ou fundamento palpável, livre das amarras do conceito certo/ errado, bom/ruim, melhor/pior, quando este conceito é proveniente apenas de um grupo ou sociedade intolerante com a diferença em todos os seus aspectos, o tal pré-conceito. Livres da dependência de outrem só porque este dá o peixe, mas não ensina a pescar.*

*Somos dependentes um dos outros, sim, pois a vida não teria sentido se não houvesse o outro, mas somos livres por vontade divina, Deus nos fez livres, abrindo mão de nos manipular, poder para isso teria de sobra, contudo preferiu que pudéssemos tomar nossas próprias decisões e montar nosso próprio conceito sobre a vida, mas esta liberdade o homem insiste em manipular, em tentar fazer o que nem mesmo Deus, que poderia fazer, o fez.*

*A Umbanda é a religião das pessoas livres de proibições, nada deve ser imposto, as coisas boas devem ser passadas uns aos outros de forma consciencial.*

*Porém, esta liberdade tem um preço, existe uma chave para estas amarras da intolerância, chave que está ao alcance de qualquer indivíduo. Esta chave é o conhecimento, e o preço é buscá-lo.*

*Para minha companheira nesta eterna busca pela chave, a minha esposa Mãe Silmara Falasco, que tanto me ajudou na realização deste livro*

*Pai Alexandre Falasco, Babalorixá e fundador do Centro de Umbanda O Barracão de Pai José de Aruanda, Jundiaí-SP.*

## PEQUENO GLOSSÁRIO

**Adejás** → Tipo de sinos utilizados no ritual pelos sacerdotes.

**Alguidar** → Recipiente de barro utilizado para colocar as oferendas.

**Amací** → Banho de ervas que se faz na cabeça.

**Amalá** → Comida de santo, ou comida de Xangô.

**Axoxô** → Milho cozido com coco, oferenda de Oxóssi.

**Babakekerê** → Pai pequeno.

**Cambono** → Cargo comum aos novos médiuns de um terreiro, auxiliar dos médiuns já desenvolvidos.

**Congá** → Altar dos terreiros.

**Curimba** → Departamento do terreiro onde se canta e toca os pontos sagrados.

**Doburú** → Oferenda para Obaluaiê, pipoca.

**Elegdá** → Anjo de guarda.

**Filá** → Tipo de chapéu utilizado pelos médiuns.

**Iakekerê** → Mãe pequena.

**Mojubá** → Saudação em iorubá, significa "meus respeitos".

**Odu** → Caminhos do jogo de búzios, destino.

**Ojá** → Tipo de chapéu feito de lenços utilizado pelas mulheres no Barracão.

**Olori** → Orixá de cabeça.

**Olubajé** → Nome que se dá à festa em honra a Obaluaê.

**Oluwó** → Sacerdote de Ifá, do jogo de búzios.

**Oti** → Bebida, cachaça, cerveja.

**Oxé** → Machado de duas lâminas utilizado pelo Orixá Xangô.

**Padê** → Ritual inicial de uma Gira, oferenda para Exu.

**Pemba** → Giz branco ou pó deste mesmo giz misturado a outros elementos.

**Yorubá** → Língua/dialeto falado em uma região da África ou povo que provém desta mesma região.

*Alguns pontos riscados pelos Guias de Luz
que incorporam nos sacerdotes
do Barracão de Pai José de Aruanda*

**Caboclo Guiné**
Médium Pai Alexandre

**Cabocla Jupiara**
Médium Mãe Silmara

**Pai José de Aruanda**
Médium Pai Alexandre

**Baiano Severino da Curaçá**
Médium Pai Alexandre

**Cabocla Jurema**
Médium Míriam

**Pai Tomé**
Médium Vinícius

**Sr. Exu Tranca Ruas**
Médium Vinícius

**Exu Pintim**
Médium Pai Alexandre

**Ogum 7 Estradas**
Médium Pai Alexandre

**Luizinho**
Médium Mãe Silmara

**Sr Exu Barão**
Médium Pai Alexandre

**Maria Quitéria**
Médium Pai Alexandre

Umbanda de Barracão

**Ogum Serenada**
Médium Mãe Silmara

**Baiano Jeremias**
Médium Mãe Silmara

**Sr Exu da Capela**
Médium Mãe Silmara

**Vovó Maria Conga**
Médium Mãe Silmara

**Xangô Chuva de Raio**
Médium Mãe Silmara

**Paulinho**
Médium Pai Alexandre

**Baiano Severino**
Médium Vinícius

**Boiadeiro Zé do Laço**
Médium Tais

---

**Bibliografia:**
Todos os autores consultados estão citados no contexto do livro.

Encerro assim este estudo com grande admiração e respeito ao Preto Velho Pai José de Aruanda e aos Guias de Luz do seu Barracão.

Modupé, eu agradeço.